Edith von Welser-Ude / Barbara Ettl

Der Club der Köchinnen

Edith von Welser-Ude *Barbara Ettl*

Der Club der Köchinnen

Lauter Lieblingsrezepte

Kabel

ISBN 3-8225-0612-5

Gesetzt aus der DIN Mittelschrift und Bembo italic
Gestaltung und Konzeption: R.M.E, Roland Eschlbeck, Natascha Steuer
Druck und Bindung: Kösel, Kempten
Printed in Germany

www.kabel-verlag.de

Eines gleich vorweg: Wir haben das Kochbuch nicht neu erfunden. Die vorliegende Sammlung von Rezepten schmackhafter Speisen, exotisch oder eher rustikal, mit einem Hauch von Exklusivität oder gewürzt mit der Erinnerung an den letzten Urlaub, ist trotzdem etwas ganz Besonderes. Die Menüs und Desserts, Hauptspeisen und Kuchen haben eins gemeinsam: Sie sind im Handumdrehen zubereitet. Engagierte Frauen, die gar nicht die Zeit haben, stundenlang am Herd zu stehen, haben sie uns verraten. Hausfrauliches Geschick kann nicht schaden, aber die Lektüre des Buchs bringt auch die Köchin mit zwei linken Händen der butterzarten Lammkeule oder einer Mousse au Chocolat, die im Nu auf dem Tisch steht, einen gewaltigen Schritt näher.

Die Romanautorin Asta Scheib verrät uns, wie sie zwischen zwei Buchkapiteln ihre Großfamilie satt bekommt. Jutta Speidel wärmt mit dem Semmelschmarrn ein altes Rezept wieder auf, ein Armeleuteessen, das sie schon als Kind liebte und später ihren Kindern kochte, wenn die Zeit knapp war. Das Champagnerkraut, das Gisela Schneeberger serviert, ist mindestens so deftig und gleichzeitig außergewöhnlich wie ihre kabarettistischen Auftritte. Wirklich was für Feinschmecker! Und wenn Sissi Perlinger im Thai-Supermarkt zuschlägt, steht anschließend – ratzfatz – ein köstlicher Tofu auf dem Tisch, der mindestens so exotisch wie schmackhaft ist.

66 Frauen – die Zahl ist wirklich reiner Zufall – ließen uns beim Kochen in die Schüsseln und Töpfe schauen. Sie verrieten uns aber nicht nur ihr Lieblingsrezept, sondern auch die ganz persönlichen Tricks und Kniffe, die zum Beispiel den Grieß von Maria Pescheck zum Lukullus-Grieß machen. Oder den Coq au Vin von Maria von Welser zum idealen Partyessen. Barbara Bronnen versichert glaubhaft, daß ihr italienisches Menü der Hausfrau ganz mühelos von der Hand geht – und das für nicht weniger als acht Personen. Die »fast kalorienarme Nachspeise« von Veronika von Quast, ein sardischer Mandel-Schoko-Kuchen – hat, zugegeben, einen kleinen Haken: Sie war der Grund für viele Gäste, sich immer wieder selbst einzuladen. Also Vorsicht. Und noch eins: Senta Bergers »Westfälische Kipferl« sind der Ruin der Bikinifigur. Nur damit es dann nicht heißt, wir hätten nicht drauf hingewiesen!

Aber das Buch ist mehr als ein Kochbuch. Ganz nebenbei, wie bei einem guten Essen eigentlich gang und gäbe, haben wir mehr erfahren über die talentierten Köchinnen, über ihr Leben und über ihr ganz persönliches Lebensrezept. Und so entwickelte sich die anfängliche Rezeptsammlung zu einem Zeitdokument

Münchner Frauen. Viele Köche verderben den Brei, sagt ein Sprichwort. Aber mit vielen Köchinnen ist das offenbar anders. Sie geben dem Kochbuch Würze, machen es erst richtig lesenswert.

Bei der Auswahl der Frauen haben wir nichts dem Zufall überlassen. Alle Köchinnen kennen sich – und das nicht erst seit gestern: Regelmäßig treffen sie sich seit Jahren auf Einladung von Edith von Welser-Ude und Barbara Ettl zum Samstags-Brunch, sinnieren feinfühlig, interessiert und stets fröhlich über das Leben und entwickelten dabei schon manch überzeugende Idee. Zum Beispiel die, eine Rezeptsammlung anzufertigen, um die Köstlichkeiten, die mitgebracht wurden, auch nachkochen zu können. Die Thunfischpastete nach einem alten Rezept der Mutter. Die Quiche, die eigentlich aus einem Gourmet-Kochbuch stammt und mit ein paar raffinierten Tricks zu einem duftenden Speckkuchen »umgedichtet« wurde. Oder das Taboulé, ein süß-salzig-scharfer Salat mit Couscous-Grieß, der nur in einem Pariser Feinkostgeschäft in Saint Germain noch besser schmecken soll. Aber auch das ist umstritten und bis dato nicht belegt…

Mit großem Interesse und viel Spaß haben wir die Rezepte und Tips notiert, selbst ausprobiert und beschlossen: Sie sollen nicht länger ein Geheimnis bleiben! Warum bei Alfred Biolek nachschlagen oder Bocuse bemühen, wenn Brigitta Rambecks Ofenkartoffeln schon zu Hochzeiten führten. Oder Ediths Freunde sich hemmungslos selbst einladen, wenn sie Wind davon bekommen, daß eine Lammkeule im Ofen brutzelt.

Aus den Rezepten, die wie unordentlich geschriebene Spickzettel in der Schule ihre Runde machten, wurde schließlich dieses Kochbuch, das jeder Gastgeberin das Leben leichter machen soll. Wer nicht so lange in der Küche steht, hat mehr Zeit, den Abend zu genießen. Daher die einhellige Meinung: Es darf ruhig ein bißchen schneller gehen, vor allem dann, wenn das Ergebnis so überzeugend schmeckt. Die Gäste werden den Teller nicht auf-, aber ganz bestimmt leer essen!

München, im Herbst 2002 *Barbara Ettl und Edith von Welser-Ude*

ES MUSS NICHT IMMER KAVIAR SEIN:

Vorspeisen für jeden Geschmack

Xiao Hui Wang wurde in Tianjin, der großen Hafenstadt nahe Peking, geboren. Sie studierte Architektur an der Tongji Universität in Schanghai. Durch ein Stipendium kam sie 1986 nach München. Seitdem lebt sie in Deutschland und China. In München war sie zuerst an den beiden Hochschulen für Architektur tätig. Seit 1991 arbeitet sie als freischaffende Künstlerin, fotografiert, schreibt Bücher und macht Filme. Für das Buch und die Regie des Kurzspielfilms »Zerbrochener Mond« wurde sie mit mehreren Preisen ausgezeichnet. Der Dokumentarfilm »Von Opern und Erben« (Co-Regie John Wate) wurde in sechs Ländern ausgestrahlt. Kürzlich erhielt sie von der renommierten Tongji Universität in Schanghai den Ruf als Professorin für Fotografie. (www.xiaohuiwang.com)

Xiao Hui Wang

Austernpilze mit Knoblauch

ZUTATEN

500 g Austernpilze
- Die Austernpilze putzen und von harten Stilenden befreien.

- Die Pilze mit soviel kochendem Wasser übergießen, daß sie davon bedeckt sind, danach das Wasser sofort wieder abgießen. Pilze in einem Sieb gut abtropfen lassen und dann mit Küchenkrepp trockentupfen. Große Pilze mit den Händen in kleine Stücke teilen.

5 Knoblauchzehen
3-2 EL Sonnenblumenöl
- Den Knoblauch schälen und in dünne Scheiben schneiden. Das Öl in einer Pfanne heiß werden lassen und darin den Knoblauch dünsten.

Salz
1-2 EL hellere Sojasauce
- Die Pilze und etwas Salz dazugeben. Dann zwei bis drei Eß-löffel Wasser und die Sojasauce hinzufügen. Alles etwa drei Minuten kochen lassen, bis die Pilze nicht mehr roh, aber noch gut bißfest sind. Nach Gusto nachwürzen.

½ TL Speisestärke
- Die Speisestärke in drei Eßlöffeln Wasser anrühren, zu den Pilzen gießen und die Sauce andicken lassen.

- Dann sofort vom Herd nehmen und servieren.

Ich war immer ein Küchenkind. Die Ferien verbrachten wir meist bei meiner Urgroßmutter, die ein großes Haus führte. Statt artig im Salon zu sitzen, die Strickliesel zum 84sten Mal in der Hand, und mir Wilhelm Busch im Lehrer-Lämpelhaften Ton mit erhobenem Zeigefinger ebenfalls zum 84sten Mal rezitieren zu lassen, zog es mich zu Maria, der warmherzigen Haushälterin in die Küche. Dort knetete und schnippelte ich mit Hingabe und großer Ausdauer unter liebevoller und geduldiger Anleitung all die Köstlichkeiten, die dann mit preußischer Pünktlichkeit um Schlag 12 Uhr im Eßzimmer serviert und kerzengerade sitzend, schweigend und lustlos verzehrt wurden. Noch heute, Jahrzehnte später, bereite ich manche Gerichte so zu, wie ich es von Maria gelernt habe. Ich weiß nicht, was meine Oma gesagt hätte, wenn sie erfahren hätte, daß ich kurzfristig Geld verdient habe, indem ich als Köchin in einem Münchner Szenelokal in der Küche stand. Besonders beliebt waren dort Marias Rezepte, die von dem schrillen Volk sehr lustvoll schmatzend in Sesseln lümmelnd gegessen wurden …

Die »Profession« der ungelernten Köchin habe ich schnell wieder an den Nagel gehängt, aber die Liebe zur Küche ist mir geblieben. In unserer Wohnung ist die gemütliche Wohnküche der zentrale Bereich, dort spielt sich das Leben ab. Hier wurden schon große Events geplant, Drehbücher und Theaterstücke geschrieben , interessante Leute zusammengebracht, lautstarke Diskussionen geführt und verrückte Ideen geboren. Bei solchen Gelegenheiten verzichte ich auf aufwendige Kocharien und zaubere nebenbei – ratzfatz – etwas aus dem Ärmel, das trotzdem etwas hermacht und den kreativen Output fördert.

Susanne von Lieven-Jell

Zucchini Carpaccio

ZUTATEN

1-2 Zucchini	Ein bis zwei Zucchini mit der Brotmaschine oder dem Gurkenschäler in hauchdünne Scheiben schneiden. Auf einer flachen Platte dachziegelförmig anrichten.
Olivenöl, 1 Zitrone Salz, Pfeffer aus der Mühle Reichlich frisch gehobelte Parmesanblätter	Mit Olivenöl und frisch gepreßtem Zitronensaft beträufeln Mit frisch gemahlenem schwarzen Pfeffer und Salz würzen. Reichlich mit hauchdünnen, frisch gehobelten Parmesanblättern bedecken.

Wer hätte gedacht, daß ich eines Tages gleich zwei Rezepte aufschreiben würde, ich, die ich auf essen eigentlich gar keinen Wert lege. Und wieso ein rumänisches und ein französisches? Nun, diese Spezialitäten mag ich wirklich gern, und sie haben etwas mit meiner Herkunft zu tun. Die Familie meiner Mutter kam aus Rumänien, daher machte sie diese »Vinete«, und in Frankreich ißt man gern »a la Ratatouille«. Ich bin in Genf geboren und in Paris aufgewachsen. Den Holocaust haben meine Mutter und ich in der Schweiz überlebt. Ich studierte Musik und Kinderpsychologie und bekam meine erste Stelle in Argentinien als Assistentin eines UNO-Beauftragten zum Aufbau eines Psychologie-Beratungscenters. In Argentinien lernte ich auch meinen Mann kennen, und unser Sohn wurde in Buenos Aires geboren. Durch den Holocaust hatte ich 18 Familienmitglieder verloren und wurde von meiner Mutter stark antideutsch beeinflußt. Eine schwere Zeit begann für mich, als ich meinem Mann nach München folgte, um den kranken Schwiegervater zu betreuen. Ich mußte die ausgeprägten Vorurteile überwinden und die deutsche Sprache lernen. Wie schwer für eine Französin, die Artikel »der, die, das« richtig anzuwenden. Am Ende sagte ich,um mich schneller auszudrücken: »Der die das Tisch, nimm dir, was du willst!« Auch hatte ich es mit der Aussprache des »H« schwer. Ich sagte: »Ich bin beim Affen gewesen«, aber ich meinte den Hafen.

Jacqueline Domberger

Vinete

– eine Vorspeisenspezialität aus Rumänien

ZUTATEN	
3 mittelgroße Auberginen	• Die Auberginen in einer Pfanne ohne Fett rösten, bis sie weich sind und die Oberfläche fast schwarz ist.
	• Mit kaltem Wasser abspülen und die schwarze Haut entfernen. Auf einem Holzbrett mit einem Holzlöffel so lange schlagen, bis eine Mousse entsteht.
Olivenöl	• Dann langsam Olivenöl einrühren, bis die Masse cremig wird.
Balsamico, 1 Zwiebel Salz, Pfeffer	• Nach Belieben Balsamico und kleingehackte Zwiebel zugeben, mit Salz und Pfeffer abschmecken.

In allen Ländern, in die ich meinen Mann begleitete, wurde mir klar, daß nicht Herkunft, Nationalität, Religion oder Hautfarbe von Bedeutung sind, sondern nur die echten menschlichen Werte. Die Menschen, die ich gefunden und schätzen gelernt habe, haben alle eines gemeinsam: Dieselbe positive Einstellung für eine bessere Welt der Gerechtigkeit und Humanität.

Jacqueline Domberger

Ratatouille provençale

ZUTATEN	
1 Zwiebel, Olivenöl 3 grüne Paprika 3 Tomaten, 3 Zucchini 1 Aubergine	• Die Zwiebel in Scheiben schneiden, in Olivenöl leicht anbraten, die anderen Zutaten würfeln und zugeben.
	• Auf kleiner Flamme etwa 45 Minuten schmoren lassen.
Frisches Basilikum	• Frisches oder eventuell getrocknetes Basilikum zugeben.

Trost fand ich in meiner Kunst, in der Malerei. Seit meiner Kindheit habe ich gern gezeichnet und gemalt. Durch Zufall wurde ich in München von einem bekannten italienischen Maler entdeckt. Von nun an habe ich mich ernsthaft der Malerei gewidmet und einige große Ausstellungen veranstaltet. Mein Mann, ein erfolgreicher Geschäftsmann, hat die internationale humanitäre Organisation B'nai B'rith wieder ins Leben gerufen, die während der Nazi-Ära verboten war. Hand in Hand unterstützte ich ihn. Dabei begegnete ich einigen Politikern, die mich sehr beeindruckten, wie dem Oberbürgermeister Dr. Hans Jochen Vogel, Willy Brandt, Franz Josef Strauß und Ludwig Erhard. Auch habe ich Freundschaften in dieser Stadt geschlossen. Alle diese Menschen haben meine Meinung und meine Vorurteile im positiven Sinne verändert. Ich fand offene Geister und einen starken Willen, ein neues demokratisches und weltoffenes Land aufzubauen.

In Nürnberg geboren, in Coburg aufgewachsen, der Enge der Provinzstadt durch Gitarren- und Geigenspiel entgegengewirkt. Studium der Romanistik und Anglistik in München und natürlich in der Studenten- und Frauenbewegung aktiv gewesen. Leidenschaftliche Lehrerin und mindestens so leidenschaftlich engagiert in der Gewerkschaft für Erziehung und Wissenschaft und in der SPD. Als Ausgleich dazu als Hobbyköchin aktiv und mit einem Künstler verheiratet, mit dem sie in ihrer Wahlheimat an der Seine am glücklichsten ist.

Bina Lößl

Binas Blitzpastete

ZUTATEN

Je eine Hälfte Hackepeter (oder sehr feines Schweinehack), die andere Hälfte kann Kalb, Lamm, Kaninchen, Hase, Hähnchen oder Ente sein
2-4 Eier, Salz, Pfeffer
Gewürze nach Belieben
Semmelbrösel, Sahne
Pistazien, Knoblauch

- Das Fleisch mit den Eiern, den Gewürzen, den Semmelbröseln (⅛ der gesamten Menge) und der Sahne (nach Gefühl) vermengen und circa eine Viertelstunde ruhenlassen.
- Ofen auf 180 Grad vorheizen.

Lorbeerblätter (oder grüner Pfeffer)

- Mischung in eine feuerfeste Form geben, mit Lorbeerblättern oder Pfefferkörnern verzieren, mit Alufolie abdecken. Circa 1 ¼ Stunden backen. Die letzte Viertelstunde ohne Alufolie.
- Temperatur auf Null zurückdrehen und die Pastete noch eine Viertelstunde ruhenlassen. Erst dann aus dem Rohr nehmen. Bis zum Servieren am besten zwölf Stunden kühl stellen – aber drei tun's auch.

4 Blatt Gelatine

- TIP: Wenn die Pastete besonders toll sein soll, kann man mit Knochen oder Restfleisch eine Brühe kochen und mit vier Blatt Gelatine anrühren. Das ganze dann über die abgekühlte Pastete geben. Wirkt sehr professionell.

Geboren in Split (Kroatien), geschieden, zwei Kinder namens Lana und Srdjan, studierte Ethnologie, ist Mitarbeiterin des Caritaszentrums in München, seit 1991 in der Beratungsstelle für Flüchtlinge.

Tochter Lana beschreibt ihre Mutter so: Eine Frau, die nicht nur ein ungezügeltes Temperament und einen Sturkopf besitzt, sondern diese Eigenschaften auch zum Vorteil vieler Menschen zu nutzen weiß. Als Caritas-Mitarbeiterin setzt sie sich seit Jahren dafür ein, daß Menschen, deren Schicksal uns oft so unvorstellbar tragisch und hoffnungslos erscheint, eine neue Chance bekommen. Sie ist eine Liebhaberin französischer und kroatischer Musik, mit der sie viele Erinnerungen an die Zeit verbindet, die sie in diesen Ländern verbracht hat. Und wenn unser Heim einmal gerade nicht von den uns immer willkommenen Freunden der Familie gestürmt wird, lassen mein Bruder und ich uns gerne mit ihr von den Klängen der Musik unserer Heimat in nostalgische Sehnsüchte treiben …

Vanja Puljak-Ciric

Vanjas Sardellenpaste

ZUTATEN

- 2 hartgekochte Eier
- 1 Dose Sardellenfilets mit Kapern
- 125 g Butter
- 2 EL Pinienkerne
- 2 TL Senf (mittelscharf)
- Saft einer Zitrone, Salz
- 2-3 EL Salatmayonnaise

• Die Zutaten in eine Schüssel geben und zu einer cremigen Paste verarbeiten, wobei die Zutatenmengen je nach Geschmack variiert werden können.

• TIP: Schmeckt am besten zu italienischem Weißbrot oder zu Baguette.

Mein erster Lebensabschnitt war geprägt durch ein konservatives Elternhaus mit Klavierunterricht und Gymnasiumsbesuch. Anschließend waren mein Mann und meine vier Kinder viele Jahre der Mittelpunkt meines Lebens. Doch die Neigung und die Liebe zur Geschichte der Kunst wurden eines Tages zu meinem Beruf. Durch die Zusammenarbeit mit Künstlern sowohl in organisatorischen wie auch sozialen Bereichen wurde mein Leben bereichert und abgerundet. In Heidelberg wurde ich geboren, aber mein Herz habe ich in Mykonos verloren.

Gerda Angebrandt
Spinatvariation
– mit Gambas für Genießer

ZUTATEN	
250 g große Spinatblätter	• Spinatblätter waschen und in Streifen schneiden.
1 Knoblauchzehe 2 Avocados 1 Zitrone	• Auf einer großen Glasplatte, die vorher mit der halbierten Knoblauchzehe abgerieben wurde, die Spinatstreifen und die halbierten, gefächerten und mit Zitronensaft beträufelten Avocados setzen.
1 Glas grüner Spargel 1 Glas Artischockenherzen in Öl 1 Glas Wachteleier	• Ebenso den grünen Spargel, die Artischockenherzen und die halbierten Wachteleier dekorativ arrangieren.
250 g Gambas, 50 g Butter 1 kleines Tütchen Pinienkerne 1 Gläschen Cognac	• Die Gambas in einer Pfanne mit Pinienkernen in Butter leicht anrösten. Mit Cognac übergießen und flambieren.
Pfeffer aus der Mühle Etwas Dill	• Mit Pfeffer aus der Mühle würzen, über die vorbereitete Salatplatte verteilen und mit dem frischen Dill garnieren.
	• Sofort servieren. Die Salatsauce extra dazu reichen!
FÜR DIE SALATSAUCE	
1 Becher Sauerrahm 1 gehäufter TL Senf 1 gute Prise Salz, 1 Prise Zucker 1 kleine Avocado Saft einer Zitrone, 2 EL Balsamico	• Die Zutaten mit dem Stabmixer pürieren. Olivenöl separat dazu reichen.
	• TIP: Die Salatsauce kann gut verschlossen bis zu zwei Wochen im Kühlschrank aufbewahrt werden.

*Gelernte Juristin,
arbeitende Journalistin
(BR-Hörfunk – Politik),
Tier- und besonders
Katzenfreundin,
zum Glück
verheiratet mit
einem exzellent
kochenden
Ehemann.
Geboren in
Burghausen
an der
Salzach, jetzt
auf dem
Land in der
Nähe von
Aichach
zu Hause.*

Schnell, grün und köstlich – für die Köchin mit zwei linken Händen.

Susanne Zimmer

Schnittlauch-Liebstöckel-Brot

ZUTATEN

Brot, Butter, Salz	• Kräftiges Bauernbrot mit Butter bestreichen und leicht salzen.
Schnittlauch Jede Menge Liebstöckel	• Schnittlauch in feine Röllchen schneiden, Liebstöckelblätter hacken, gut durchmischen und auf die Brotscheiben streuen. Mundgerechte Happen schneiden, reinbeißen und genießen!

DA WIRD DER SUPPEN-KASPAR SCHWACH:

Neues aus der Suppenküche

Was kann für ein kleines Mädchen schöner sein, als hinter quiekenden Ferkeln herzurennen, bissige Kettenhunde aus gerade noch sicherer Entfernung zu reizen, frisch gemolkene warme Milch zu trinken, nicht mit Fleisch oder Spinat traktiert zu werden, sondern immer nur Lieblingsspeisen essen zu dürfen: Kartoffelpüree mit Apfelmus, Kartoffelpüree mit Spiegelei, Bratkartoffeln mit Brathering, Milchreis mit Zimt und Zucker, Butterbrot mit Rübenkraut. Meine Eltern, vertrieben aus dem Riesengebirge, einquartiert auf einem westfälischen Großbauernhof, fanden diese Idylle leider weniger attraktiv. Auch ich kam ins Grübeln, als der Erbhofbauer mich gegen ein Schwein eintauschen wollte, da er die Auffassung vertrat, drei Söhne seien genug für meine Eltern. Glücklicherweise war ich letzteren doch mehr wert als Blut- und Leberwurst. Trotz meiner Liebe zum Land zweifelte ich – spätestens seitdem ich lesen konnte – keinen Moment daran, daß das platte Westfalen nur eine Zwischenstation sein konnte. Schließlich waren Tarzan und Old Shatterhand meine Vorbilder. Statt ins wilde Kurdistan machte ich mich zunächst auf, um in einer Berliner Altenklinik ein freiwilliges soziales Jahr zu absolvieren. Von den Eltern aus dem Großstadtdschungel zurückbeordert, ging es noch einmal in die Provinz nach Münster und schließlich für »ein halbes Jahr nach München«. Unvorhergesehene Ereignisse, nämlich die

Eigentlich mag ich keine Suppen, weil es zuwenig zu beißen gibt. Diese Suppe liebe ich aber aus folgenden Gründen: Alle Gäste sind davon begeistert, sie hat unkomplizierte Zutaten, für die ich nicht durch die halbe Stadt jagen muß, sie gelingt mit Sicherheit schnell und bringt mich niemals in Panik. Zudem sieht sie hinreißend aus, und ich bin jedesmal überrascht, wie wenig für mich übrigbleibt.

Ursula Härtel

Lachs-Gurkensuppe *mit Dill*

ZUTATEN
(für vier Personen)

2 große, grüne Gurken
Etwa 40 g Butter

• Die Gurken schälen, halbieren und mit einem kleinen Löffel die Kerne und die Flüssigkeit herausschaben, damit die Suppe nicht zu wässrig wird. Das Fruchtfleisch in Würfel schneiden und in einem großen Topf in der heißen Butter etwa fünf Minuten lang dünsten.

1,5 l Gemüse- oder Hühnerbrühe (kaufe ich meist als Fond im Glas)

• Jetzt die Brühe zugießen und bei kleiner Hitze rund 15 Minuten garen.

500 g frisches Lachsfilet (Haut schon im Geschäft abziehen lassen), 1 Bund Dill

• In der Zwischenzeit den Lachs in Würfel schneiden und den Dill hacken.

Und noch etwas: Nehmen Sie das Kochen nicht zu ernst. Am schönsten sind sowieso die Abende mit den Gästen, denen es ziemlich wurscht ist, wenn mal eine Suppe versalzen ist.

1/4 l Weißwein
1 Becher süße Sahne
Currypulver (oder grüner Tabasco), Salz

- Die gegarten Gurkenstücke pürieren, den Weißwein hinzufügen, noch einmal aufkochen und die Sahne zugießen. Dann mit scharfem Curry und Salz abschmecken. Da ich selbst gern Curry mag, nehme ich fast einen Teelöffel voll.

Saft einer Zitrone

- Erst danach den Zitronensaft und den Dill zufügen. Und wo bleibt der Lachs? Den Lachs zuletzt in die heiße Suppe geben, nicht mehr kochen, sondern nur noch ziehen lassen. Fertig!

- TIP: Obwohl die Suppe rasant schnell geht, bereite ich sie mittags schon komplett vor, wenn abends Gäste kommen. Nur den Zitronensaft, den Dill und den Lachs gebe ich erst kurz vor dem Servieren dazu.

Hochzeit mit Horst Härtel, hinderten mich an der Weiterreise. Neben meiner Arbeit als medizinisch-technische Assistentin am Max-Planck-Institut holte ich das Abitur nach, wurde Diplom-Soziologin, begab mich anschließend in die Gesundheitsforschung und promovierte in medizinischer Soziologie. Unzufrieden mit der gesundheitswissenschaftlichen Ausbildung an den deutschen Unis absolvierte ich noch ein Epidemiologie-Studium in den USA und kehrte zurück als Master of Public Health. Meine derzeitigen Forschungsprojekte befassen sich vorwiegend mit der Prävention und Rehabilitation von Herz-Kreislauf-Erkrankungen und den unterschiedlichen Risiken bei Männern und Frauen. Fest davon überzeugt, daß meiner Gesundheit und meinem persönlichen Wohlbefinden nichts förderlicher ist als tägliches Joggen, gesundes Essen und unbeschwertes Beisammensein mit Freunden, versuche ich dies möglichst häufig in die Tat umzusetzen. Leider scheitere ich dabei zu oft: Ich bin ständig unter Termindruck, sitze zuviel am Computer, hocke auf Dienstreisen zu lange eingepfercht in Economy-Class-Sitzen mit Plastikessen auf dem Schoß, finde in den Hotels trostlose Schwimmbäder und muffige »Fitness-Oasen« vor, die ich sofort wieder verlasse, und esse statt eines gesunden Abendessens Peanuts aus der Minibar. Auch das »unbeschwerte« Treffen mit Freunden endet zuweilen im Chaos. Mir ist es schon gelungen, zehn geladenen Gästen meine Einkaufstüte vor die Füße zu knallen und mich vollkommen fertig in die Sofaecke zu verdrücken. Da standen nun meine Gäste und mußten sich ihre Forellen selber zubereiten.

Geboren in Berlin, aufgewachsen in Niedersachsen und Stuttgart, Studienjahre in England und Frankreich. Seit 1962 in München, verheiratet seit 1965, zwei erwachsene Söhne, zweifache Großmutter, Katzenliebhaberin. Arbeitet als Übersetzerin für Film, Fernsehen und Theater und als Synchronautorin. Zum Ausgleich: tanzen, radeln, modellieren und zeichnen.

Astrid Althammer

Soupe au Pistou

– Bohnen- und Gemüsesuppe mit Pistou aus der Provence

ZUTATEN	
1 TL Olivenöl 1 mittelgroße, kleingehackte Zwiebel	• Das Öl in einem großen Topf erhitzen und die Zwiebel darin glasig dünsten.
2 kleingeschnittene Kartoffeln 1 Stange gehackten Sellerie	• Kartoffeln und Selleriestücke mit 1,5 l Gemüsebrühe (Cenovis aus dem Reformhaus) hinzufügen. 10 bis 15 Minuten zugedeckt köcheln lassen.
225 g kleingeschnittene grüne Bohnen Grüner Teil einer Lauchstange 2 enthäutete, kleingeschnittene Tomaten 55 g Vermicelli	• Die grünen Bohnen, den Lauch, die Tomaten und die Vermicelli hinzufügen und weitere zehn Minuten kochen lassen.
1 Dose weiße Bohnen Salz, frisch gemahlener Pfeffer	• In den letzten fünf Minuten kommen die weißen Bohnen dazu. Mit Salz und frisch gemahlenem Pfeffer abrunden.
ZUTATEN FÜR DAS PISTOU	
2-3 Knoblauchzehen Eine Handvoll Basilikumblätter 3-4 EL Olivenöl	• Inzwischen die geschälten Knoblauchzehen im Mörser zerdrücken oder im Mixer zerkleinern. Das Basilikum und nach und nach das Olivenöl hinzugeben und schließlich noch einen Eßlöffel der heißen Suppe dazugießen.
Frisch geriebener Parmesan (oder Gruyère)	• Die Suppe in großen Schalen anrichten, etwas Pistou in die Mitte setzen und geriebenen Käse darüber streuen. Dazu schmeckt am besten ein knuspriges Baguette oder Ciabatta.
	• TIP: Ist beliebig ohne große Anstrengung auch für mehr Gäste zuzubereiten. Und wenn man danach noch Käse anbietet, ist das ein gutes und leichtes Essen auch für verwöhnte Mäuler.

Zugegeben: Eine Super-Köchin bin ich nicht, nicht mal eine annehmbare. Eigentlich war nämlich immer schon das Schreiben meine Lieblingsbeschäftigung, angefangen mit massenhaft Briefchen an meine Lehrerin in der Stuttgarter Grundschule. Und in der Freizeit treibe ich lieber Sport. Schließlich habe ich nach dem Studium der Germanistik in München mein Hobby zum Beruf gemacht: Als Redakteurin, Ressortleiterin und seit einigen Jahren auch Buchautorin von bisher elf Büchern. Gekocht habe ich schon wegen meiner Tochter, aber möglichst unkompliziert und meistens siebenbürgisch, weil da meine familiären Wurzeln liegen. Beispielsweise diese pikante, rumänische Ciorba-Suppe nach einem alten Rezept meiner Mutter.

Ruth Eder

Pikante Ciorba

aus Rumänien

ZUTATEN
(für vier Personen)

2 Karotten 6 große Kartoffeln Wurzelpetersilie 1 große Zwiebel 4 Knoblauchzehen	• Nicht zu kleingeschnittenes Gemüse in Salzwasser kurz al dente kochen.
500 g Hackfleisch 1 Ei, Salz, Pfeffer	• Aus Hackfleisch, Ei, Salz und Pfeffer geformte Bällchen hinzufügen.
6 Tomaten Saft einer halben Zitrone	• Zum Schluß die geviertelten Tomaten und den Zitronensaft beigeben und noch fünf Minuten ziehen lassen.
Sauerrahm	• Mit einem Häubchen aus Sauerrahm, bestreut mit frisch gemahlenem Pfeffer, servieren. Guten Appetit!

Die Stimme von Claire Gigglberger-Brill haben schon mehr Menschen gehört, als ihnen bewußt ist. Die gelernte Krankengymnastin kam 1946 zum Bayerischen Rundfunk und sprach dort bis 1956 jeden Morgen die Frühgymnastik. Die ersten Jahre lang ermunterte sie nach den Sechs-Uhr-Nachrichten, begleitet von einem Klavierspieler, eine Viertelstunde lang live die Rundfunkhörer, sich zu strecken und zu beugen und die Arme kreisen zu lassen. Erst in den späteren Jahren wurde die Sendung aufgezeichnet. Mit viel Disziplin und täglicher Gymnastik »für Körper und natürlich auch für den Geist« hält sich Claire Gigglberger-Brill heute noch fit. In Köln geboren, in Internaten in Deutschland und Spanien aufgewachsen, machte sie nach dem Abitur am Nymphenburger Gymnasium die Ausbildung zur Krankengymnastin, weil ihr 1933 der Zugang zum Medizinstudium verwehrt war. Sie arbeitete in Thüringen, Berlin und schließlich in München, wo sie sich vor allem der Therapie spastisch gelähmter Kinder angenommen hat. Nach zwei Ehen und einem unsteten Leben fand sie bei ihrem langjährigen Lebensgefährten die Liebe ihres Lebens und zugleich die Liebe zu Literatur und Kunst, vor allem der afrikanischen, die sie auch mit Leidenschaft sammelt.

Claire Gigglberger-Brill
2 Suppen
aus dem Kochbuch meiner Mutter

ZUTATEN

BIERSUPPE NR. 1

⅛ l Milch etwas Salz, Zucker Vanille, Zimt 1 Flasche Bier	• Die Zutaten in einem Topf zum Kochen bringen.
Kartoffelmehl 1 Ei	• Mit Kartoffelmehl binden. Ein Eigelb unterziehen und zuletzt den steif geschlagenen Eischnee als kleines Häubchen auf die Suppe setzen. Die Suppe ist kalt wie warm ein Genuß.

BIERSUPPE NR. 2

Bier	• Einen Schoppen Bier in einem Topf leicht verschäumen lassen, indem man es langsam anwärmt.
Butter, Mehl	• In einem zweiten Topf die Butter zerlassen, das Mehl dazugeben und eine leichte Mehlschwitze bereiten. Mit dem Bier aufgießen.
Eigelb Süße Sahne	• Anschließend Eigelb und süße Sahne unterziehen.
	• TIP: Hervorragend schmecken dazu in Butter geröstete Brotwürfel!

Verwitwet, keine eigenen Kinder, mit Kater Koschka Kokoschka lebend. Als Fashion-Designerin dem »schönen Schein« zugetan und in der Erschaffung von Collagen die Realität und die Phantasie verbindend, um so fremde und traumhafte Blickwinkel zu öffnen. Für die Zukunft Objekte der seltsamen Art planend. Nach langer Zeit eines herrlichen, unsteten Lebens mit ihrem Mann (fast wöchentlich Hunderte von Kilometer zurücklegend, um Privatleben in München und Karriere in Hamburg zu vereinen) wurde sie auf den Boden der Tatsachen geworfen und hat sich in München ein Nest gebaut. Von hier aus bricht sie von Zeit zu Zeit auf, um in die Welt zu fliegen und sich dann auf die Rückkehr ins Münchner Dasein mit all seinen Aktivitäten zu freuen. Sich auf ihre Art zu engagieren, anderen das Leben zu erleichtern und zu ihrer eigenen Erfüllung ihren persönlichen Neigungen nachzugehen.

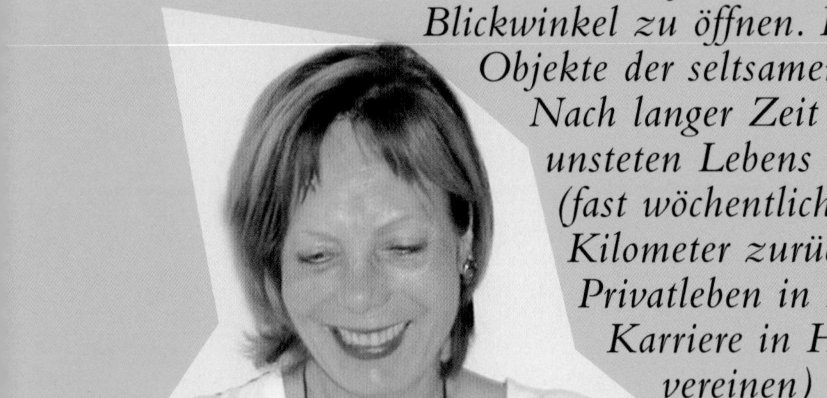

Pippin L. Brasch

Spargelsuppe

»Der schöne Schein« – wenig Arbeit, viel Effekt

ZUTATEN
(für acht Personen)

500 g grüner Spargel (griechisch)
500 g weißer Spargel (deutsch)
1 TL Salz (bayerisch)
½ TL Zucker (südamerikanisch)

- Den weißen Spargel schälen, von dem grünen die holzigen Teile abschneiden. Spargel, Salz und Zucker in kochendes Wasser geben und 15 Minuten kochen.
- Dann den Spargel herausfischen, am besten mit einer Holzstange, und in ein Zentimeter lange Stücke schneiden.

6 Päckchen Knorr Feinschmecker Spargelcremesuppe

- Die sechs Fertigsuppen mit dem Schneebesen in zweieinhalb Liter kochendes Wasser einrühren (Achtung: Topfgröße beachten! Er muß am Ende vier Liter fassen). Bei schwacher Hitze eine Minute kochen lassen. Ab und zu umrühren.

⅛ l Sahne

- Nun den gegarten Spargel in die Suppe geben und die flüssige Sahne hineinrühren. Die Dauer des Abschmeckens hängt vom eigenen beim Kochen entstandenen Appetit ab.

ZUM VERZIEREN UND VERFEINERN

1 Tütchen Pinienkerne
Krause Petersilie

- TIP: Die Pinienkerne in etwas Butter anrösten. Die Suppe beim Servieren auf dem Teller mit krauser Petersilie verzieren und die Pinienkerne einstreuen.

Diese Aufgabe wird erfahrungsgemäß gerne von anwesenden Kindern übernommen, die aber darauf achten müssen, daß sie nicht über den durch den Duft auf die Reste gierig gewordenen Kater stolpern. Die Köchin hat nun nichts anderes mehr zu tun, als das Lob der Speisenden entgegenzunehmen.

Der Tanz hat das Leben von Konstanze Vernon geprägt. Ihm und der Suche nach jungen Talenten hat sich die einstige weltbekannte Primaballerina der Bayerischen Staatsoper ganz und gar verschrieben. Als 1975 ihr Partner Heinz Bosl starb, stand der Entschluß für Konstanze Vernon fest: Zu Ehren ihres Lieblingspartners gründete sie zusammen mit ihrem Ehemann Fred Hoffmann 1978 die Heinz-Bosl-Stiftung, die sich in den Jahren zu einer Talentschmiede von Weltrang entwickelt hat. Die Ausbildung ist kostenlos. Bis heute konnten 274 Absolventinnen und Absolventen nach dem Abschluß in zum Teil hochkarätige Engagements vermittelt werden.

Essen ist für Tänzerinnen nur am Rande ein Thema, sagt die ehemalige Ballettchefin: »Zumindest solange sie noch aktiv sind, haben sie meist nicht allzuviel Zeit zum Kochen, und wenn, dann stehen sehr häufig Salat und Obst auf dem Speiseplan. Die Kürbissuppe, die ich besonders mag, ist auch bei meinen Studentinnen beliebt, wenn sie eine Party feiern.«

Konstanze Vernon

Kürbissuppe

ZUTATEN

1,5 kg Muskatkürbis
250 g getrocknete Aprikosen

- Kürbis schälen und in Würfel schneiden. Aprikosen ca. eine halbe Stunde in warmem Wasser einweichen.

3 Zwiebeln, 1 Stange Lauch
1 rote oder gelbe Paprika
2-3 Knoblauchzehen
3 EL Öl, 1 EL Currypulver
(noch besser die indische Gewürzmischung von Fuchs)

- In der Zwischenzeit das Gemüse kleinschneiden und mit dem Kürbisfleisch und dem Currypulver in heißem Öl dünsten.
- Aprikosen ausdrücken, zerkleinern und zum gedünsteten Gemüse geben.

1,5 l Gemüse- oder Geflügelbrühe
2 getrocknete kleine Chilischoten
1 Gewürznelke, Salz

- Sofort mit der heißen Brühe auffüllen, Chilischoten und Gewürznelke hinzufügen und salzen.

¼ l Weißwein
Pfeffer, Muskatnuß
Evtl. etwas Zitronensaft

- Nach ca. ¼ Stunde Weißwein dazugießen.
Nach ½ Stunde Kochzeit mit dem Pürierstab fein pürieren.
Mit Pfeffer, geriebenem Muskat und evtl. etwas Zitronensaft abschmecken.

Frisch geröstete Kürbiskerne

- Vor dem Servieren mit Kürbiskernen bestreuen oder diese separat dazu reichen.

- TIP: Nicht ganz so figurbewußte Genießer können einen Schuß Sahne zur Abrundung verwenden. Die Menge kann beliebig erweitert und Gemüsesorten wie Karotten oder ein Apfel können hinzugefügt werden. Wichtig sind Curry, Aprikosen und Chilischoten, sonst kann das Ganze fad schmecken, weil der Kürbis selbst nicht viel Eigengeschmack hat.

GROSSE WIRKUNG GARANTIERT:

Hauptgerichte im Handumdrehen

Sissi wurde von den Göttern aus tiefstem Mitleid davor bewahrt, in ihrer Geburtsstadt Furth im Wald aufwachsen zu müssen. Die Mutter folgte dem Ruf ihres Herzens und verließ den reichen Ehemann, um mit einem brotlosen Schwabinger Maler eine Künstlerfamilie zu gründen. So durfte »die Süße«=»die Sissi« eine wilde freie Kindheit erst in Wald und Flur und dann im Englischen Garten erleben, aber ohne ihren Papa. Weil das für sie ein schwerer Schlag war, hat sich das eigenwillige Mädchen schon früh daran gemacht, ihr Selbstvertrauen durch allerlei Ausbildung aufzupäppeln. Sie lernte Tanz, Gesang, Schauspielerei in allen großen Städten der Welt, wo gute Lehrer bereit waren, ihr Wissen weiterzugeben. 1992 hat sich die Göttin der Comedie Mahatma hahaha als ihre Schutzpatronin schwer ins Zeug gelegt und bescherte der Perlinger ihre erste eigene TV-Show, lange vor dem Comedy-Boom. Aus Angst, ihre Beiträge könnten zu »anarchistisch« sein, wurde die Show aber schon nach sechs Folgen wieder abgesetzt. Nach fünf selbst inszenierten Solo-Shows auf der Bühne, Tausenden von Auftritten auf großen und kleinen Bühnen im deutschsprachigen Raum, 30 Rollen für Film und Fernsehen und einer 13teiligen TV-Show für die ARD 1989 kann man mit Fug und Recht behaupten, die Perlinger hat es geschafft. Und jetzt ist auch noch ihr super Thai-Tofu in aller Munde …

Dauert zehn Minuten, schmeckt superklasse, und ist alles im Thai-Supermarkt erhältlich – mit Ausnahme des süßen Senfs.

Sissi Perlinger

Ratzfatz-Tofu

aus dem Thai-Supermarkt

ZUTATEN

1 EL Miso
2 EL Erdnußcreme »Crunchystyle«
1 EL süßen Senf
2 Knoblauchzehen, Ingwer
Grüne Curry-Paste
Sojasauce

• Man nehme einen großen Eßlöffel Miso, zwei Eßlöffel Erdnußcreme »Crunchystyle«, einen Eßlöffel süßen Senf, zwei durchgepreßte Zehen Knoblauch, eine daumengroße Ingwerknolle feingehackt, eine Messerspitze grüne Curry-Paste und ein paar kräftige Spritzer Sojasauce und verrühre die Zutaten zu einer Paste.

250 g Tofu
5 EL Sesam

• Dann schneide man ein halbes Pfund Tofu in Scheiben, wende diese in der Paste und paniere sie in Sesam. Dann werden sie in etwas Sonnenblumenöl gebraten.

1 Dose Kokosmilch

• Dazu gibt es Kokosgemüse: Eine Dose Kokosmilch öffnen, die Creme abschöpfen, in den Wok oder in einen Topf geben und mit Ingwer, Knoblauch, Chili und Zwiebeln anbraten.

Sojasprossen
Egerlinge, Zuckerschoten
Maiskolben

• Kleingeschnittenes Gemüse wie Sojasprossen, Egerlinge, Zuckerschoten und kleine Maiskolben dazugeben. Deckel drauf und drei Minuten bei größerer Hitze braten.

Thaisuppenwürfel
Zucker
Essig
Sesamöl

• Dann den Rest der Kokosmilch mit einem Thaisuppenwürfel, einer Prise Zucker, einem großen Schuß Essig und einem Tropfen Sesamöl verrühren, über das Gemüse geben und weiter dünsten. Fertig!

Ponkie, geboren in München, Spätentwickler. Von der Universität München (Zeitungswissenschaften bei d'Ester, Germanistik und Geschichte) volltrunken in die Familie. Tennisreporterin, Filmkritikerin, Glossenschreiberin und TV-Kolumnistin der AZ (Epoca, Stern, Cosmopolitan). Bücher: 1982 Ponkies Glossen »Wo bleibt das Positive?«, 1988 »Bayern vorn« mit Zeichner Heinz Birg, 1990 Cinema & Kino (Tomus-Reihe »Fröhliche Wörterbücher«). Hebung des Selbstbewußtseins durch angesehene Artenschutzpreise wie den Schwabinger Kunstpreis, Hoferichter-Preis, Sigi-Sommer-Preis, Grimme-Preis, Medaille »München leuchtet« und dem Wilhelm-Hoegner-Preis. Notorische Radfahrerin, Katzensklavin und Tierpark-Hellabrunn-Fan.

Eigentlich habe ich das Kochen vor zwanzig Jahren aufgegeben, nachdem ich jahrzehntelang als generalstabsmäßige Abfütterungs-, Kochtopf- und Kuchenblechtante für drei Kinder, Schulfreunde und Hausfreunde am Werkeln war. Auf Nachfrage wissen die längst erwachsenen Kinder aber noch ganz genau, worauf sie in den wilden Siebzigern besonders scharf waren, wenn die Journalistenkollegen an den fröhlichen Journalisten-Samstagen in meinem Garten Tischtennisturniere austrugen und die Welt veränderten. Ihre bevorzugten Objekte der Begierde waren der Kartoffelsalat (siehe Rezept) und der Kirschstreuselkuchen mit sorgsam entkernten Sauerkirschen. Wenn noch ein Kern drin war, beschwerte sich AZ-Feuilletonchef Karsten Peters. Im Verlauf der Samstagsvöllereien kam es gelegentlich zu Ausschreitungen, wenn Helmut Fischer (damals noch nicht der Monaco Franze) mit meinem jüngsten Sohn Harald um den restlichen Tomatensalat stritt oder mit dem Hund von Karsten Peters um das letzte Fleischpflanzl. Beim Tomatensalat gewann Fischer, beim Fleischpflanzl der Hund. Bei den Vorbereitungen für die Samstage (Tochter Harriet: »Heuschrecken-Samstage«) folgte ich (ratzfatz!) der langjährigen Gastgeber-Erfahrung: Daß es viel Arbeit macht, darf man nicht merken. Also großzügiger Zeitplan: Rechtzeitig mit dem Kartoffelschälen anfangen.

Ponkie

Ponkies Kartoffelsalat

ZUTATEN

Von allem viel

- Viele gekochte, geschnittene Salzkartoffeln in eine große Schüssel geben, etwas Pfeffer und Salz, viele kleingeschnittene Zwiebeln, viele Büschel Schnittlauch (schnippel-schnippel), etliche kleingeschnipselte Matjesheringe, Gewürzgurken und Boskop-Äpfel, viele Töpfchen Magerjoghurt, mit einem Topf heißer Fleischbrühe (Hausfrauenschande: hergestellt aus Suppenwürfeln) locker aufgießen.

- Abschmecken, bis es schmeckt. Je nach ästhetischem Kunstanspruch garnieren: Lachsschnitzel, Paprikastreifen, Cornichons, Sardellen, Eier-Verzierung nach Dallmayr-Art.

- TIP: Aufpassen, daß die Katze nichts herunterfrißt.

Lisa Fitz hatte eigentlich keine Chance etwas anderes zu werden, als sie ist. Mit einer Schauspielerdynastie als Familie war der Weg für das Energiebündel von Geburt an klar. Die besondere Fürsorge, die Einzelkindern bekanntlich oft zuteil wird, bewirkte, daß ihre ungewöhnliche Lebhaftigkeit als Nervosität gedeutet wurde, die es schleunigst zu behandeln galt. Yoga ab dem siebten Lebensjahr sollte Abhilfe schaffen. Lisa erinnert sich: »... Stillsitzen, wenn es juckt.« Damit hat die Rocklady und Songwriterin, Kabarettistin, Schauspielerin und Autorin heute noch ihre liebe Not. Lisa Fitz hat sich den Traum der Machbarkeit erfüllt, in dem sie nicht träumt, sondern macht, heißt es in ihrer Biographie. Und das seit Jahren. Die Vorreiterin des feministischen Kabaretts startete ihren Siegeszug 1992 mit dem ironischen Song »I bin bled« und durfte zwei Jahre später im Dirndl-Outfit die Bayerische Hitparade moderieren. Doch schon bald wandte sie sich dem Kabarett zu und tourte mit Programmen wie »Die heilige Hure« oder »Geld macht geil« durch die Lande. Seit einiger Zeit steht sie gemeinsam mit ihrem Sohn Nepomuk auf der Bühne.

Lisa Fitz

Spaghetti mit Lachssauce

– mal was anderes

ZUTATEN
(für 2 Personen)

250 g Lachsfilet
Saft von 1-2 Zitronen
Pfeffer aus der Mühle, Salz
Muskat

- Lachsfilet in Zitronensaft, Salz, Pfeffer und Muskat ca. 15 Minuten einlegen.

300 g Spaghetti

- Die Spaghetti bißfest garen, herausnehmen, unter kaltem Wasser abschrecken und warm stellen.

1 TL Butter
200-300 g Sahne

- Lachsfilets in etwas Butter anbraten, mit Sahne aufgießen und mit Salz, Pfeffer und Zitrone abschmecken.

- Die Spaghetti mit der heißen Sauce übergießen.

In Hamburg geboren und trotzdem in München verliebt, wo sie 13 Jahre lang sehr gerne gelebt hat. Studium (Politik und Soziologie) in Hamburg und Frankfurt; mündliche Doktorprüfung im fünften Monat. Eine Tochter. Ein ehemaliger und ein schon ziemlich lange aktueller Ehemann. Lebte zehn Jahre als Journalistin in New York und veröffentlichte mehrere Bücher. Sie moderiert seit zehn Jahren die Sendung »WortWechsel« im SWR und immer wieder auch Themenabende bei ARTE. Sie ist im Team vom Literaturclub im Schweizer Fernsehen, schreibt fürs Radio und für Zeitungen. 1999 erschien in der Reihe »Kleine Philosophie der Passionen« bei dtv ihr Buch über ihre Leidenschaft, nämlich das Essen.

Vorbemerkung eins: »Kommen Sie mir nur nicht mit Currypaste« – das habe ich gerade in dem Buch eines berühmten Kochs gelesen und mich angesichts seiner Verachtung für die von mir so gern verwendete Zutat natürlich unverzüglich und gehörig geschämt. Aber hier und Ihnen will ich es gestehen: Ich liebe sie, diese Paste, die so herrlich scharf daherkommt und vielfältig einrührbar ist. Die es in rot und grün und gelb gibt und die Basis ist so mancher ziemlich köstlicher Sauce, ob es dem Großkoch nun gefällt oder nicht.
Vorbemerkung zwei: Noch ein Geständnis muß ich machen: Ich bin unfähig, Mengen anzugeben, weil ich in meiner Küche keine Waage habe und auch keine will. Ich will schließlich kochen und nicht messen und wiegen und rechnen.

Gabriele von Arnim

Hähnchenbrust *in Limonen*

ZUTATEN

Hähnchenbrüste (je nach Anzahl der zu erwartenden Gäste)
Sojasauce

- Hähnchenbrüste in nicht zu kleine Würfel oder Streifen schneiden, in Öl anbraten, mit wenig Sojasauce würzen und in eine feuerfeste Form legen.

- TIP: Wenn man es sehr scharf möchte, ein paar kleingeschnittene rote Chilischoten die letzten zwei bis drei Minuten mitbraten.

1 Bund Frühlingszwiebeln
Geriebene Kokoscreme
1 Dose Kokosmilch
Ananassaft
1 Becher Crème Double oder Frischkäse
Grüne Currypaste, Limonen

- Kleingeschnittene Frühlingszwiebeln, geriebene Kokoscreme, Kokosmilch aus der Dose, etwas Ananassaft, Crème Double oder Frischkäse, Currypaste und Limonensaft, Salz und Pfeffer im Mixer zu einer cremigen Sauce verrühren.

- Die Sauce über die Hähnchenbrustwürfel in der Form gießen. Reichlich geraspelte Limonenschalen und kleingeschnittenes Grün der Frühlingszwiebeln darüber streuen und ab in den heißen Ofen.

- Schmeckt herrlich mit Basmatireis und Karotten, gewürzt mit geriebenem Ingwer und frischem Koriander.

Gundi Ellert ist Schauspielerin, Autorin, Hausfrau und Olivenölbäuerin und lebt in innig aufregender Gemeinschaft mit Patrizia, Julian und Frank B., mit Cara, der schönsten und liebsten aller Irisch-Terrier-Hündinnen, mit Emma, ihren vier Katzenkindern und mit Emilio, dem grauen, gelbäugigen Kater, in der Toskana, im Chiemgau und in München. Nach dem Besuch der Schauspielschule in München war sie am Bayerischen Staatsschauspiel und den Münchner Kammerspielen engagiert. Sie spielte die Hermia im »Sommernachtstraum«, Regan in »King Lear« bis hin zur Liese in »Nusser« von Franz Xaver Kroetz. 1994 wurde sie zusammen mit dem Ensemble des Deutschen Schauspielhauses in Hamburg zur Schauspielerin des Jahres 1994 gewählt. Gundi Ellert schreibt auch Theaterstücke wie »Elena und Robert«, »Jagdzeit« oder »Josephs Töchter«, die bereits an mehreren deutschen und internationalen Theatern gespielt wurden.

Risotto verde: das geheime Familien- und Gäste-Highlight. Einfach, schnell, preiswert und selbst in großen Mengen gut vorzubereiten.

Gundi Ellert

Risotto verde

ZUTATEN

Blattspinat (tiefgefroren)	• Den aufgetauten Blattspinat gut wässern, ausdrücken und drei Minuten im kochenden Salzwasser blanchieren. Kalt abbrausen, ausdrücken und kleinhacken.
Risottoreis	• Den Reis im Salzwasser nicht ganz gar kochen, kalt abbrausen und abtropfen lassen.
Gutes Olivenöl Parmaschinken oder roher Schinken, Frühstücksspeck, Lachs oder Garnelen – der Kreativität sind keine Grenzen gesetzt	• In eine große Pfanne oder einen Schmortopf Olivenöl geben und darin den kleingeschnittenen Parmaschinken leicht ausbraten.
Zwiebel oder eine Schalotte Knoblauch Weißwein Fleischbrühe (zur Not Brühwürfel)	• Die gewürfelte Zwiebel (Schalotte) und den Knoblauch dazugeben und dünsten, bis alles glasig aussieht. Den Spinat hinzufügen und nach einigen Minuten mit Weißwein und Brühe aufgießen. Auf kleiner Flamme einköcheln lassen.
Sahne Frisch geriebener Parmesan Salz, Pfeffer	• Mit Sahne aufgießen und nochmals einköcheln lassen. Mit frisch geriebenem Parmesan abschmecken und zum Schluß den Reis zugeben. Salzen und pfeffern. Eventuell noch Brühe oder Sahne zugeben, je nachdem, welche Konsistenz man bevorzugt.
	• Auf angewärmten Tellern mit frischem Parmesan servieren.

Gemeinsam mit Freunden ein Abendessen zubereiten, plaudern, ein Gläschen Wein trinken, während sich der Bratenduft in der Küche ausbreitet, das sind gemeinschaftliche Kocherlebnisse, wie ich sie in Italien liebte. Ich habe drei Jahre dort gelebt, und wenn mich heute meine Fernsehdokumentationen nach Italien führen, auf den Spuren Michelangelos oder zu dem Krimiautor Filastó nach Florenz, dann ist es wie ein Zurückkehren in meine Herzensheimat. Themen rund ums Genießen bearbeite ich gerne in meinen Hörfunkfeatures für den Bayerischen Rundfunk – denn sind es nicht gerade die kleinen Oasen des Genießens, die einem das besondere Quentchen Kraft geben,in den Stürmen des Lebens? Ein anderes wichtiges Thema in meinem Leben und in meiner Arbeit ist wohl die Phantasie. Viele Jahre war ich Kursleiterin an der Schule der Phantasie, für einen Film über die surreale Welt des britischen Autors Andrew Crumey erhielt ich den Literaturfilmpreis »Literavision« der Stadt München. Derzeit wage ich meinen ersten Roman – und da merke ich dann immer wieder, nach einem wohligen Abendessen treibt die Phantasie üppigere Blüten.

Eva Severini

Wohliger Reissalat

mit Pinoli (Pinienkernen) – super einfach

ZUTATEN
(für vier Personen)

200 g Reis
5 EL Olivenöl, 2 EL Balsamico,
Salz, Pfeffer
1 weiße Zwiebel

- Den Reis al dente kochen, abtropfen lassen und noch während der Reis heiß ist (sehr wichtig!) mit dem Olivenöl, Essig, Salz, Pfeffer und der feingeschnittenen Zwiebel anmachen.

Je 1 rote, gelbe und grüne Paprika
200 g Champignons oder Egerlinge
4 Stangen Sellerie
3 große Salattomaten
1 Zucchini

- Das Gemüse waschen und trocknen. Die Paprikaschoten in feine Streifen schneiden, ebenso Pilze und Sellerie und die von Kernen befreiten Tomaten. Die Zucchini in Scheiben hobeln.

3 EL Pinienkerne

- Wenn der Reis gut abgekühlt ist, mit dem Gemüse und den Pinienkernen (gehackt oder ganz) vermischen.

- Den fertigen Salat in den Kühlschrank stellen.

Schnittlauch
5 Zucchiniblüten

- Kurz vor dem Servieren mit dem geschnittenen Schnittlauch und den Zucchiniblüten dekorieren.

Geboren in einer böhmischen Kleinstadt als Tochter eines bankrotten Buchhändlers und einer Lebenskünstlerin italienischer Abkunft. Nach turbulenter Kindheit und Jugend Ausbildung zur Tänzerin in Dresden. 1946 Übersiedelung nach München. 1952 Heirat mit dem damals noch unbekannten und stellungslosen Schauspieler Helmut Fischer. Utta Fischer macht kein Geheimnis daraus, daß sie alles andere als eine perfekte Köchin ist. Essen war ihr und ihrem Mann nicht so wichtig. Höchstens in Begleitung des ausgestochenen Feinschmeckers Helmut Dietl hätte es sie in die Münchner Schicki-Micki-Lokale verschlagen. Viel wichtiger als das, was auf den Tisch kam, sei ihnen immer die Gesellschaft gewesen, die zum Gespräch beisammensaß. Eine ihrer geschätzten Runden war das von Utta Fischer initiierte Frühstück im Café Münchner Freiheit am späten Sonntagvormittag. Der Gesprächsstoff ging den Fischers in Gesellschaft von Ponkie, Franz Geiger, des Ehepaares Christian Ude und Edith von Welser-Ude, Willi Puruckers, Vivian Naefes und einigen mehr nie aus. Da konnte es schon passieren, daß das Rührei und der Kaffee angesichts heißer Debatten kalt verzehrt wurden. Aber, wie gesagt, wer kam schon wegen des Rühreis? Ihre Wohnung in Schwabing teilt sie mit der quirligen Emily, einer Boston-Terrier-Hündin, und mit den beiden gemächlichen Kartäuser-Katern Dariusz und Wenzel.

Utta Fischer

Fischers Lammkoteletts

– ein Rezept für blutige Anfänger

ZUTATEN

4 Lammkoteletts

• Die gepfefferten Koteletts in einer Pfanne auf beiden Seiten gut anbraten. Herausnehmen und warm stellen.

2 große Zwiebeln
4 Karotten
4 große, möglichst mehlige Kartoffeln

• Die feingeschnittenen Zwiebeln in der Pfanne glasig dünsten. Dann die in dünne Scheiben geschnittenen Karotten und schließlich die ebenfalls geschnittenen Kartoffeln dazugeben und andünsten.

etwas Brühe
Ein bißchen Sojasauce
Petersilie

• Die Koteletts auf das Gemüse legen, mit etwas Brühe und der Sojasauce aufgießen. Flamme sehr klein drehen und die Pfanne zudecken. Etwa 25 Minuten dünsten lassen und dabei die Koteletts einmal umdrehen.

• TIP: Vor dem Servieren reichlich feingehackte Petersilie darüber streuen.

Name? Astrid Jacob, Spitzname Assi. Geboren? Ja, zum Glück. Am 27. Februar als Fischchen in Dresden, aber nur kurz dort gelebt. Warum? Es gab so viele zerstörte Häuser dort, die wollten meine Eltern nicht mehr sehen. Wo ist dann die Heimat? Dort wo Freunde sind, wo es viele Bäume gibt und grüne Wiesen. Besondere Kennzeichen? Schuhgröße 42. Ach ja, und vernarrt in meinen Beruf als Regisseurin, Schauspielerin und mit Lust Kabarettistin, wenn es den passenden Spielort für meine Ideen gibt. Wie die Münchner Lach- und Schießgesellschaft zu Sammy Drechsels Zeiten. Und was dann? Danach folgte Opernregie für »Madame Butterfly« oder »Der Wildschütz« und Schauspielregie für »Iphigenie«, »Mutter Courage«, »Der Snob« und viele mehr. Und als Schauspielerin war ich sogar in Moskau. Von meinem Soloprogramm über den »Unbekannten Brecht« hatte der Theaterverein in Moskau gehört, aber auch von »Gertrude – Tucholsky – eine Liebe im Exil«. Und als das »1. Deutsche Theatertreffen in Moskau« stattfand, wurde ich mit dem Soloprogramm »Gute Witwen weinen nicht« und dem »Brechtabend« nach Moskau eingeladen. Aber wenn ich jetzt von dem wunderschönen Erlebnis und dem fabelhaften Theaterpublikum auch noch rede, wird das Essen kalt und man schiebt's dann aufs Rezept. Wär doch schade, oder? Drum hurtig: guten Appetit!

Hähnchenbrust in Wein-Sahnesauce – garantiert kein Schlankmacher, aber schmeckt famos und geht ratzfatz, wenn unerwartet Besuch auftaucht. Merke: Es ist wichtig, daß die Brüstchen in der Sauce schwimmen, damit das »ditschen« mit dem Baguette richtig Spaß macht, denn man wird eigentlich von der Sauce satt.

Astrid Jacob

Hähnchenbrust
in Wein-Sahnesauce

ZUTATEN

Hähnchenbrüste je nach Bedarf (normalerweise pro Person eine Doppelscheibe)	• Die Hähnchenbrüste halbieren, damit sie schnell durch sind.
Zwiebeln, Knoblauch Feinwürzmittel Cenofix aus dem Reformhaus Curry, Pfeffer	• Die Brüstchen mit Zwiebeln und Knoblauch zart in etwas Butter und Öl anbraten, mit Curry, Pfeffer und Cenofix – einem pikant würzigen Feinwürzmittel – oder ersatzweise mit Salz würzen.
Landwein	• Wenn das Fleisch fast durch ist, mit reichlich Rotwein (nur Mut! glucker-glucker) übergießen, so daß die Brüstchen satt schwimmen. Am besten eignet sich ein herber Landwein. Alles kurz aufköcheln lassen.
Sahne Crème fraîche	• Danach reichlich flüssige Sahne (mindestens einen Becher) sowie einen Becher Crème fraîche einrühren und noch einmal mit Curry und Pfeffer abschmecken.
	• Mit Reis, Nudeln oder Baguette servieren.
	• TIP: Als Getränk zum Essen bietet sich Rotwein an, als Salat Stangensellerie in pfeffriger Joghurtsauce. Guten Appetit!
	• TIP: Das Rezept ist auch wunderbar für Riesengarnelen. Dann aber Weißwein nehmen und den Curry weglassen.

Geboren? Ja natürlich, beinahe hatte ich es vergessen, weil es schon so lange her ist. Aber immerhin in einem ehrenwerten Sternzeichen – Löwe. Genau wie mein Vater. Das verbindet. Franken sind wir, aus Volkach, aber gewohnt habe ich dort nicht. Weil mein Vater Staatsbeamter war, wurde er turnusmäßig versetzt, das heißt, ich habe bis zum Abitur viermal die Schule gewechselt. Jung geheiratet, Kinder gekriegt. Spät studiert, mit 43. Die Ehe meiner Eltern: unglücklich, aber lebenslang. Obwohl meine Mutter absolut die Schöne war (ich sah ihr leider nicht ähnlich), gehörte sie zum Dienstmädchen in die Küche. Ich hingegen mit meinem Vater lebte zwischen Bücherwänden. Lesen, lesen und später auch Schreiben, das waren die Pole, zwischen denen mein Leben ablief, mal allein mit Kindern, mal gepaart, an unterschiedlichen Orten. Ein paar Preise, ein paar Bücher. Von den drei Ks kam für mich nur eines in Frage: Kultur. Nicht Kirche und nicht Kochen. Rezepte? Nein, die gehören in die Kochbücher. Zum Lesen. Dennoch bin ich nicht verhungert. Essen kann ich nämlich. Noch immer …

Zubereitung oder das Anrichten: Ja, was wir Frauen so alles anrichten. Hauptsächlich in der Küche, denn dieser spezielle Raum ist dafür eingerichtet. Um sicher zu gehen, daß es mir wirklich schmeckt, koche ich mir manchmal selbst. Das heißt, ich erfinde am Herd nicht wirklich. Aber ich werfe das Lasso des Geschmacks in die Tiefe meiner Erinnerungen – der kulinarischen. Und die sind dann doch so ungenau, daß meine Leibspeise dann jedesmal wie ein Patent aus der Phantasie in die Schüsseln und Töpfe gelangt. Aber schon als ein Thema mit Variationen. Und dann ist es mein Rezept, obwohl die Verwandtschaft zu anderen Speisen erschnuppert werden kann. So ergeht es mir und meinen Gästen mit einem Gericht, das in Katz'schen Archiven unter dem pompösen Stichwort »Gratin Dauphinois« geführt wird. In Wirklichkeit ist es nur ein simples Gefummel zwischen Allerwelts-Lebensmitteln wie Kartoffeln oder Knoblauch. So – oder ähnlich – empfehle ich dieses Rezept allen Schleckermäulern, ohne Zuordnung nach Geschlecht oder Charakter.

Annerose Katz

Gratin Dauphinois

ZUTATEN

Zutaten	
1,5 kg Kartoffeln	In meiner Küche geht das so: Drei Pfund rohe Kartoffeln in dünne Scheiben schneiden, und zwar in die üppig mit Fett geschmierte Auflaufform.
Knoblauch, Salz, Pfeffer Milch, Rahm	Je eine Schicht Kartoffeln, eine Schicht Knoblauch, Salz und Pfeffer mit Milch und Rahm übergießen bis knapp unter den Rand.
Geriebener Käse Butter	Darauf geriebenen Käse und Butterflöckchen setzen. Ins ziemlich heiße, vorgeheizte Rohr für etwa 30 bis 40 Minuten stellen, bis die Kartoffeln goldgelb sind.

Molly von Fürstenberg wurde in Strassfurt, Kreis Magdeburg, geboren und wohnt heute in der Nähe von München. Sie ist verheiratet mit Veith von Fürstenberg und hat einen Sohn. Seit 1969 ist sie im Filmgeschäft tätig. Zuerst als Freischaffende im Anti-Theater, später bei Tango-Film mit Rainer Werner Fassbinder. Dann als Mitarbeiterin beim Filmverlag der Autoren. 1974 gründete sie die Olga-Film-GmbH zusammen mit Elvira Senft und Denyse Noever. Zu ihren erfolgreichsten Filmen zählen »Männer«, »Kleine Haie«, »Der bewegte Mann«, »Bandits«, »2 Männer, 2 Frauen, 4 Probleme« und »Mädchen, Mädchen«.

Zum Kochen kam Molly von Fürstenberg so: Meine Leidenschaft fürs Kochen begann mit sechs Jahren. Frau und Herr Lipke, unsere Nachbarn, hatten keine Enkelkinder, also hatte ich das große Vergnügen, ihnen diese zu ersetzen. Herr Lipke, ein ehemaliger Lehrer, rauchte in der Pfeife – aus Mangel an Tabak – Majoran. Ich liebte es, hinter ihm herzugehen und diesen wunderbaren Duft zu genießen. Ich glaube, aus diesem Grund ist eines meiner Lieblingsgerichte Schweinefilet mit Majoran. Frau Lipke beschloß eines Tages, mir das Kochen beizubringen. Sie stellte mir einen kleinen Fußschemel an den Herd, und nun durfte ich meine erste Zwiebelstippe kochen. Die bestand aus Rapsöl, Zwiebeln, Mehl, Wasser und natürlich Majoran. Dazu gab es Kartoffeln. Köstlich. Dieses herrliche Leben dauerte noch drei weitere Jahre. Die Rezepte veränderten sich aus Mangel an Lebensmitteln in der Nachkriegszeit in Osteuropa nicht sonderlich. Herr und Frau Lipke bleiben für immer in meinem Herzen. Deshalb habe ich ein Rezept nach ihnen benannt, das Lipkesche Schweinefleisch.

Molly von Fürstenberg

Lipkesches Schweinefleisch

ZUTATEN
(für vier Personen)

Je nach Größe 1-2 Schweinefilets Salz, Pfeffer aus der Mühle Guter, mittelscharfer Senf 2 Eier, Semmelbrösel	• Das Filet in Portionsstücke teilen, salzen und pfeffern. Rundherum mit Senf bestreichen. Zuerst in den geschlagenen Eiern und dann in den Semmelbröseln wälzen.
ÖL, Butter 4 Äpfel (zum Beispiel Cox Orange), Majoran	• Von allen Seiten in einem Gemisch aus Öl und Butter braun braten. Die ungeschälten, in 16 Teile geschnittenen Äpfel drauf legen, mit Majoran bestreuen und den Deckel auf die Pfanne geben.
1 Gläschen Rum	• Nachdem die Äpfel gar sind, die Pfanne vom Herd nehmen, die Äpfel mit Rum parfümieren und flambieren.
	• Dazu paßt Kartoffelbrei und grüner Salat. Meine Weinempfehlung: ein Sauvignon blanc.

Bei Edith von Welser-Ude ging immer alles ratzfatz. Sogar der Start ins Familienleben. Mit drei Kindern innerhalb von zwei Jahren und einem alternativen Haushalt, wie er erst sehr viel später propagiert wurde. Pampers und Gläschenfutter waren noch nicht erfunden, statt dessen übte sich die junge Mutter im Holzhacken und Stricken. Später waren es dann sechs Kinder und eine Anwaltskanzlei im Haus. Zwischen zwei Schriftsätzen sorgte Edith von Welser-Ude dafür, daß die Kinder, die Freunde der Kinder, die Sekretärin und deren Kinder sowie die Putzfrau nebst Sohn nicht verhungerten. Angesichts jahrelanger rationeller Haushaltsführung war die Organisation der Großfamilie kein Problem, als sie in den Stadtrat gewählt wurde. Heute bekommt sie Familie, Fotografie und ihre ehrenamtlichen Verpflichtungen als Frau des Oberbürgermeisters locker auf die Reihe – dank lebenslanger Übung. Unzählige Ausstellungen und mehrere Bücher sind der Beweis dafür.

So zum Beispiel die »Moskauer Ansichten«, die Bildbände »WandArt« und »Menschen und Miezen« mit Texten von Christian Ude und der etwas andere Stadtführer für Kinder »Bäriges München« mit Barbara Ettl. Und trotzdem: Wenn der heimkehrende Berufspolitiker und Ehemann abends sein Kommen telefonisch ankündigt, steht 20 Minuten später das Essen auf dem Tisch. Aber nicht lange, denn schließlich handelt es sich bei ihm um einen begeisterten Esser, der nach langen Reden die schnelle Küche zu schätzen weiß …

Edith von Welser-Ude
Rosa gebratene Lammkeule

ZUTATEN

1 Lammkeule
Salz, schwarzer Pfeffer
aus der Mühle, 1 EL Weinessig
1 TL mittelscharfer Senf
1 EL Rosmarin oder Thymian
2 zerstoßene Knoblauchzehen

- Die Lammkeule von Fett und Haut befreien und mit einer Mischung aus den obengenannten Zutaten einreiben, darin zwei Tage ruhenlassen. Am besten in einer Plastiktüte, die man immer wieder umdreht, damit die Beize sich gut verteilen kann.

2 EL Olivenöl
2 Karotten, ¼ Sellerie
1 Zwiebel gewürfelt
5 Wacholderbeeren

- Den Ofen auf 80 Grad vorheizen. Die Keule in einem Bräter auf dem Herd in Olivenöl kurz und kräftig von allen Seiten anbraten. Dann auf der untersten Schiene im Ofen mit dem gewürfelten Gemüse und ¼ Liter Wasser etwa fünf Stunden bei 80 Grad garen lassen.

¼ l Lammfond oder Fleischbrühe
1 EL Madeira oder
Sherry (medium)

- Den Lammfond um ein Drittel eindampfen lassen und mit dem Gemüse pürieren. Mit Sherry oder Madeira abschmecken.

- Dazu schmecken am besten Kartoffeln und verschiedene Gemüse wie Karotten, grüne Bohnen, Blattspinat. Oder mal etwas Neues: Endiviengemüse. Dazu einen Endiviensalatkopf waschen und in einzelne Blätter zerlegen. Kurz in etwas Brühe dünsten, dann in Olivenöl und Zitrone schwenken.

- TIP: Das Fleisch nicht zudecken und den Ofen keinesfalls höher als 80 Grad einstellen, sonst wird das Fleisch trocken und faserig. Dafür kann man aber zwischendurch in aller Ruhe die Küche verlassen, nichts brennt an oder wird zäh. Und wenn sich die Gäste verspäten, ist das auch kein Drama: Die Keule bleibt im Ofen auch noch später rosig und butterzart.
- TIP: Der Trick mit den 80 Grad funktioniert genauso mit einer Rinderlende oder einem Schweinebraten. Das Ergebnis ist immer zart, rosa, saftig!

Jutta Speidel wurde in München geboren. Bereits als Schülerin stand sie ab 1969 für Filme wie »Pepe und der Paukerschreck« oder »Hurra, die Schule brennt« vor der Kamera. Von 1972 bis 1976 besuchte sie die Schauspielschule Ursula Kube-Neureuther und erhielt eine Tanzausbildung bei Billie Millie. Sie lernte Atemtechnik bei Ida Hengst und machte eine Gesangsausbildung bei Professor Margarete Köhler. 1976 holte sie der renommierte Regisseur Rudolf Noelte als Elektra nach Berlin ins Renaissance-Theater. Es folgten in regelmäßigen Abständen Engagements an Theatern, Festspielhäusern und Theatertourneen, bei denen sie ihre Vielseitigkeit als Charakterschauspielerin zeigen konnte. Eine ebenso große Karriere gelang der Künstlerin in Kino und Fernsehen. Seit Rainer Erlers »Die letzten Ferien« (1975) war Jutta Speidel bisher in mehr als 55 TV-Filmen und -Serien zu sehen, unter anderen in der Erfolgsserie »Alle meine Töchter« (1993 bis 1999). Sie erhielt zahlreiche Auszeichnungen wie den Bambi (1978), die Goldene Nymphe (1980) und den Hersfeldpreis (1983/87). Zum Quotenrenner wurde sie als »Schwester Lotte« in »Um Himmels Willen«. Jutta Speidel lebt mit ihren beiden Töchtern Franziska (18) und Antonia (15) in München.

Auch Semmelschmarrn genannt – ganz simpel. Schmeckt mir, seit ich Zähne habe, und meinen Töchtern auch.

Jutta Speidel

Uraltes Armeleuteessen

ZUTATEN

Alte Semmeln und Brezen
Milch
Eier
Butter

- Beliebig viele altbackene Semmeln und auch eine Breze in Scheiben schneiden,mit lauwarmer Milch übergießen, zwei Eier hinzufügen und alles zu einem Matsch zerdrücken.

- In einer Pfanne mit Butter ausbraten. Dazu esse ich am liebsten selbstgemachtes oder auch gekauftes Apfelmus.

Also, wenn ich ehrlich bin, esse ich noch lieber, als ich koche. Der Gedanke an ein schönes Risotto zum Abendessen, einen knackigen Salat mit Kernöl oder ein Stück Fisch kann mich den ganzen Tag beschäftigen. Mit ein paar Joggingrunden durch Schwabing beruhige ich des Morgens mein schlechtes Gewissen. In einer Großfamilie aufgewachsen, hatte Essen für mich immer eine zentrale Bedeutung. Um den goßen Tisch sitzen, über Gott und die Welt reden, das ist für mich Inbegriff des geselligen Beisammenseins. Gäste waren bei meinen Eltern immer willkommen. Die Leidenschaft, gerne zu essen und dabei zu reden, notfalls mit vollem Mund, war meinem Berufswunsch nicht hinderlich. Ich bin Zeitungsjournalistin mit Leib und Seele und sammelte während des Studiums in Funk und Fernsehen Erfahrungen. Bis hinein in die Kantinen. 13 Jahre war ich für die tz als Reporterin unterwegs. Heute schreibe ich für die Süddeutsche Zeitung, quäle mich mit Drehbüchern (viel gelobt, nie verfilmt), schreibe Kinderbücher und Erzählungen und berate Unternehmen. Mit Edith von Welser-Ude entstand das Buch »Bäriges München«, der etwas andere Stadtführer für Kinder. Ich lebe in München, verbringe der Liebe wegen aber viel Zeit im benachbarten Österreich.

Barbara Ettl

Schnelles Schweinchen

ZUTATEN
(für vier Personen)

500-600 g Schweinefilet
Senf, Salz, Pfeffer aus der Mühle

- Das Fleisch in dicke Scheiben schneiden und mit Senf, Salz und Pfeffer würzen.

Ein paar Scheiben Südtiroler Speck
Butter, 1 Zwiebel

- Mit einer Scheibe Südtiroler Speck umwickeln und in die gebutterte und mit Zwiebelscheiben ausgelegte Auflaufform legen. Bei 160 Grad 20 Minuten vorbacken.

1 Becher Sahne
Etwas Mehl
1 EL grüner Pfeffer
ca. 150 g Gorgonzola
(Kalorienbewußte nehmen etwas weniger)
2 El Petersilie

- Die Sahne mit einem Teelöffel Mehl andicken. Den zerstampften grünen Pfeffer, den Gorgonzola und die gehackte Petersilie unterrühren. Die Sauce über das Fleisch gießen und zehn Minuten bei ca. 180 Grad fertiggaren.

- Dazu paßt Baguette genausogut wie Nudeln oder Reis und natürlich ein schöner Salat wie dieser Feldsalat.

FÜR DEN SALAT

Feldsalat
Cocktailtomaten
1 Glas rote Bete

- Den Salat waschen, abtropfen lassen und auf die Teller verteilen. Die Tomaten halbieren. Die rote Bete in kleine Würfel schneiden und ebenfalls auf die Teller geben.

Walnußöl
Zitrone, Zucker
1 TL Dijon-Senf
Eine Handvoll Walnußkerne

- Eine Sauce herstellen aus drei Eßlöffeln Walnußöl, Salz, Pfeffer, dem Saft einer Zitrone, einem Teelöffel Dijon-Senf und etwas Zucker. Kurz vor dem Servieren mit einer Handvoll Walnußkerne über den Salat geben.

- TIP: Der Salat in dieser Kombination ist übrigens auch eine tolle Vorspeise. Der Clou ist das Walnußöl, das es auch in kleinen Flaschen gibt.

Ich wurde in Temesvar in Rumänien geboren, wuchs in Wangen im Allgäu auf, studierte in Tübingen und München Germanistik, dann Pädagogik, lebe seit 1964 in München und war von 1968 an Grundschullehrerin in Bayern. Mein einziger Sohn David war von Geburt an krank, er starb 1999 mit 24 Jahren. Von Kindern hingerissen, setze ich mich seit 20 Jahren für bessere Bedingungen in Kinderkliniken, für bessere Schulen und eine bessere Ausbildung der Lehrer ein. Jetzt mache ich für Lehrerinnen und Lehrer, zuweilen zusammen mit Schülern, Kommunikations- und Konfliktschulung.

Fee Czisch

Fees Fast-food Entenbrust

– als Trenn- oder Mischkost verspeisbar

ZUTATEN

1 Entenbrust für je 2-3 Personen Salz, frisch gemahlener schwarzer Pfeffer	• Die Entenbrust auf der Speckseite kreuzweise einschneiden, in einer Pfanne ohne Fett bei mittlerer Hitze ca. acht Minuten auf der einen und fünf Minuten auf der anderen braten, salzen, mit frischem Pfeffer bestreuen und warm stellen.

FÜR DAS GEMÜSE

Zuckererbsen, Gemüsebrühe	• Die Zuckererbsen in Gemüsebrühe bißfest kochen.
Schalotten Balsamico, Rotwein Rosinen	• Schalotten schälen und etwa eine halbe Stunde lang in einem kleinen Topf zugedeckt in Balsamico und Rotwein mit einigen Rosinen richtig weich köcheln.
Kirschen im Glas Rotwein Zimt, Nelken Stärke, Zucker	• Den Kirschsaft halb mit Rotwein auffüllen, mit Zimtstange und ein paar Nelken erhitzen und fünf Minuten köcheln lassen, damit die Gewürze wirken können. Etwas Stärke und nach Geschmack Zucker einrühren und kurz aufkochen lassen, dann die Kirschen dazugeben und auskühlen lassen.
Kleine Kartoffeln	• (Keine Kartoffeln, wenn es Trennkost sein soll, sonst): Die Kartoffeln mit oder ohne Schale gar kochen.
Zucchini Mehl, Salz, Pfeffer Olivenöl, Knoblauch	• Die gewürfelten Zucchini mit Mehl, Salz und Pfeffer bestreuen und in Olivenöl gewürzt mit einer Knoblauchzehe so lange braten, bis die Stücke bräunlich und knusprig sind. Gleich auftischen, bevor sie lasch werden.

• Die halbierten Kartoffeln in Olivenöl brutzeln, bis sie kroß sind, salzen, pfeffern und mit Petersilie bestreuen. Zuckererbsen kurz in Olivenöl erhitzen, mit Salz, Pfeffer und Gemüsebrühe würzen. Zum Nachtisch werden die Kirschen serviert.

• Daß alles heiß und frisch auf den Tisch kommt, das ist die eigentliche Kunst!

Von Dollnstein bei Eichstätt führte Gisela Schneebergers Weg ziemlich rasch nach München, wo sie – auch ziemlich rasch – erkannte, daß das Psychologiestudium nicht das Gelbe vom Ei ist und schließlich eine Ausbildung an der renommierten Otto-Falckenberg-Schule absolvierte. Dem lieben Gott sei gedankt für diese Erkenntnis, denn sonst wäre dem Theater-, Film- und Fernsehpublikum ein wahrer Genuß entgangen – »Kehraus« zum Beispiel, »Der lange Samstag« oder der deutsche Urlaubsklassiker »Man spricht Deutsh«. Am liebsten, so verriet Gisela Schneeberger einmal, spielt sie »greisliche Hennen«. Drauf hat sie noch viel mehr, nämlich alles von der leicht beschränkten Sachbearbeiterin über die quirlige Tankstellenpächterin bis hin zur Frau Botschafterin. Sogar Franz Josef Strauß sah sich ihre Auftritte im Fernsehen an. Im Gegensatz zum übrigen Publikum war er nicht immer begeistert und legte gegen die bissige Satire des Duos Gisela Schneeberger/Gerhard Polt beim Bayerischen Fernsehen Protest ein. Und auch das Stück »München leuchtet« oder die Kolonialsatire »Tschurangrati« in den Kammerspielen hat die CSU-Prominenz nicht gerade zu Begeisterungsstürmen hingerissen. Was Schneeberger, Polt, die Biermösl-Blosn und den Regisseur Hanns Christian Müller nicht bremsen konnte …

Gisela Schneeberger

Champagnerkraut

ZUTATEN

1 kg Sauerkraut
3-4 EL Gänseschmalz
(zur Not auch Butterschmalz)

- Schmalz auf den Boden eines Dampftopfes geben und darauf das Sauerkraut.

1-2 Fläschchen Piccolo
(je nachdem, wie flüssig das Kraut sein soll), 3-5 El Honig
6-8 Wacholderbeeren
3 Lorbeerblätter
2 kleingeschnittene Äpfel
Ein schönes Stück roh geräuchertes Wammerl

- Mit 1 bis 2 Piccolo aufgießen und den Honig untermischen. Wacholder, Lorbeer und die kleingeschnittenen Äpfel dazugeben, obendrauf das Wammerl legen. Topf schließen und eine halbe Stunde lang köcheln lassen. Nach dem Abdampfen den Topf öffnen und nach Geschmack noch etwas Honig zugeben.

- Das Kraut muß bräunlich aussehen und süßlich schmecken.

Blut- und Leberwürste

- Zum Schluß die in heißem, nicht kochendem Wasser aufgewärmten Blut- und Leberwürste aufs Kraut legen.

- Dazu gibt es selbstgemachten Kartoffelbrei, der zuletzt mit Muskat und viel weicher Butter verfeinert wird.

- TIP: Ich mache immer mehr Kraut als nötig, denn es läßt sich wunderbar einfrieren. Ohne die Würste!

Rachel Salamander gründete 1982 die auf Literatur zum Judentum spezialisierte Literaturhandlung in München. Weitere Filialen folgten: in Berlin, Fürth, Dorsten und Halberstadt. Sie veröffentlichte zahlreiche Publikationen zu jüdischen Themen und wurde mehrfach von der Stadt München geehrt. Seit September 2001 ist sie auch Herausgeberin der Literarischen Welt. »Aus der jüdischen Küche brachte es einzig der gefilte Fisch zu Weltruhm. Dabei handelt es sich um ein handwerklich aufwendiges Gericht. Und jedesmal die bange Frage: Ist der Fisch gelungen? Beim Kochen kann zum Beispiel die Füllung herausfallen, oder das Desaster steht gleich am Anfang, wenn man sich einen vermoosten Karpfen eingehandelt hat. Wahre Kunstfertigkeit ist gefragt, um das Fischfleisch, die Grundlage der Füllung, aus dem in Scheiben geschnittenen Karpfen herauszuschneiden, ohne die Fischhaut zu verletzen. Im Fischgeschäft nimmt man Ihnen eine ganze Menge Arbeit ab. Bevor der Fisch zerschnitten wird, auf keinen Fall den Bauch aufschlitzen lassen. Ehe der Händler also zu zerteilen beginnt, entfernt er Innereien, Flossen und Schuppen, schneidet den Kopf ab und nimmt die Kiemen heraus. Sollte der Karpfen Rogen oder Fischmilch enthalten, lassen Sie sich beides unbedingt für den Fischsud mit einpacken. Jetzt erst wird geschnitten: mindestens daumendicke Scheiben. Kopf und Schwanz kommen dazu …«

Rachel Salamander
Gefilte Fisch – der Klassiker

ZUTATEN

1 Karpfen (ca. 1 ½ kg)
2 große weiße Zwiebeln
3 Karotten
2 Petersilwurzeln
1 EL Salz, 1 kleiner EL Zucker
1 TL weißer Pfeffer

FÜR DIE FÜLLUNG

2 hartgekochte, gehackte Eier
1 rohes Ei
1 große Zwiebel
Salz, Zucker, reichlich Pfeffer
2-3 EL Mazzemehl (erhältlich in jüdischen Feinkostläden oder im Straßenverkauf eines jüdischen Restaurants)

- Zu Hause wird der Fisch Scheibe für Scheibe gesalzen und in eine Schüssel gelegt. Denn wir beginnen mit der Zubereitung des Fischsuds: Den Topf mit soviel Wasser füllen, daß der Fisch später davon bedeckt sein wird, die in Scheiben geschnittenen Zwiebeln und Karotten und in der Mitte geteilten Petersilwurzeln hineingeben und mit Salz, Zucker und reichlich Pfeffer würzen. Die Innereien dazugeben und den Sud auf kleiner Flamme köcheln.

- Jetzt zum Fisch: Wir schneiden das Fleisch vorsichtig an der Haut entlang mit einem spitzen, scharfen Messer heraus. Der Kopf bleibt, wie er ist. Am Schwanz hingegen ist viel Fleisch dran, das Sie auch herauslösen.

- Aus diesen Stücken und den drei Eiern machen wir jetzt mit einem Hackmesser die Füllung. Die Zwiebel klein schneiden, unter ständigem Hacken untermischen und gut würzen. Gießen Sie etwas kaltes Wasser dazu, damit der feingehackte Fischteig nicht klebt. Darüber streuen Sie das Mazzemehl.

- Dann werden die Fischscheiben gefüllt. Den Fisch gut anfüllen, damit die Füllung nicht herausfällt, und mit einem nassen Messer die Oberfläche glattstreichen. Das gefüllte Fischstück (Kopf voraus) lassen Sie mit nassen Händen behutsam in den Sud gleiten und kurz aufkochen. Den Schaum entfernen und abschmecken. Jetzt bei geringer Temperatur zugedeckt zwei Stunden kochen, danach auskühlen lassen und in den Kühlschrank stellen. Der Fisch wird kalt gegessen, der Sud soll gelieren.

- TIP: Gefilte Fisch schmeckt immer besser einen Tag nach dem Kochen. Legen Sie eine Scheibe auf den Teller, geben Sie Sud dazu, und garnieren Sie mit gekochten Karottenscheiben.

Aufgewachsen bin ich im Münchner Norden, genauer gesagt in der Kieferngartensiedlung zusammen mit vier Geschwistern. Der Babba fuhr die Münchner Straßenbahn, später dann die U-Bahn. Von der Mamma konnte man lernen, wie eine Hausfrau viele Dinge parallel nebeneinander erledigt und dann noch für den Mann was Fleischiges, Kräftiges und für die Kinder was leichtes Gsundes oder Schleckiges kocht. Aus mir ist zuerst eine Kindergärtnerin geworden, dann besuchte ich von 1976 bis 1979 die Otto-Falckenberg-Schule und wurde eine Schauspielerin. Seit 1986 trete ich als Kabarettistin mit eigenen Texten in allen möglichen und unmöglichen Kabarett- und Kleinkunstbühnen im deutschsprachigen Raum auf. Im Bayerischen Rundfunk bin ich wöchentlich als Paula Pirschl mit meinen Kommentaren zu den großen und kleinen Dingen des Lebens zu hören. Mein Mann Helmut Dauner ist auch Schauspieler, und so heißt es jede Woche durchzuorganisieren: Wer muß wohin, wer hat was vor?

Für meinen Mann muß ich nicht extra was Fleischiges auf den Tisch stellen, er ist auch ein Gschleckiger. Auch wenn er und unsere inzwischen nicht mehr so kleinen Kinder David (Jahrgang 1981) und Johanna (Jahrgang 1987) aufstöhnen: »Das mußt Du doch nicht!« kann ich es mir nicht abgewöhnen vorzukochen oder noch schnell – bevor ich mich auf den Weg mache – eine Kleinigkeit herzurichten, damit ja keiner verhungert, wenn ich nicht da bin. Nachts, wenn ich von einem Auftritt heimkomme, kontrolliere ich die Töpfe und bin glücklich, wenn alles ratzebutz aufgegessen ist.

Maria Pescheck

Lukullus-Grieß

ZUTATEN	
1 l Milch Grieß	Mit Milch und Grieß einen nicht zu dicken, aber auch nicht zu dünnen Grießbrei kochen.
3 Eier Zucker, etwas Salz	Vom Herd nehmen und Eigelb, Zucker, ein nußgroßes Stück Butter und etwas Salz unterrühren.
Vanillezucker	Auflaufform buttern, das Eiweiß zu Schnee schlagen, etwas Zucker und Vanillezucker dazugeben.
Pfirsichhälften – wahlweise frisch, eingeweckt oder aus der Dose	Dann die Hälfte des Breis in die Form geben, mit Pfirsichhälften belegen und die andere Hälfte darübergeben. Mit dem Eischnee bedecken und alles auf höchster Stufe fünf Minuten backen.

Seit 13 Jahren arbeite ich als Flüchtlingsbetreuerin bei der Stadt München. Zur Zeit leite ich das Büro für Rückkehrhilfen im Wohnungs- und Flüchtlingsamt. Meine Aufgabe ist es, Hilfe für Flüchtlinge zu organisieren, die in ihre Heimat zurückkehren, und Hilfsprojekte in den Rückkehrgemeinden durchzuführen. Eine sehr kreative und befriedigende Arbeit. Nebenher engagiere ich mich als Ausländerbeauftragte im Bezirksausschuß und als ehrenamtliche Abfallberaterin. Meine beiden Söhne sind – theoretisch gesehen – erwachsen, und so bleibt mir auch noch Zeit für meine Hobbys – Laufen, Radfahren, Schwimmen, Popkonzerte besuchen, Malen, Lesen, gemütliche Abende (oder Frühstücke) mit Freunden und netten Menschen verbringen und Reisen.

Marion Lich
Spargelquiche
mit Lachs

ZUTATEN

300 g tiefgefrorener Blätterteig

- Die Blätterteigplatten zehn Minuten auftauen lassen. Es eignet sich auch fertiger frischer Blätterteig aus der Kühltheke.

500 g grüner Spargel
½ EL Salz
1 TL Zucker

- Reichlich Wasser mit Zucker und Salz aufsetzen. Den Spargel waschen, schälen, in Stücke schneiden und in kochendem Wasser eine Minute blanchieren. Unter kaltem Wasser abschrecken und in einem Sieb abtropfen lassen.

150-200 g Räucherlachs
½ Bund Dill, ½ Bund Petersilie
1 EL Zitronensaft
Frisch gemahlener Pfeffer

- Den Lachs in Streifen schneiden und mit den feingehackten Kräutern vermischen. Mit Zitronensaft und Pfeffer abschmekken.

FÜR DEN GUSS

4 Eier
100 g Sahne
100 g Crème fraîche
Salz, Pfeffer, Muskatnuß

- Eier, Sahne und Crème fraîche verrühren und würzen.

- Backofen auf 180 Grad vorheizen.

- Den Teig ausrollen, Backform kalt ausspülen (nicht abtrocknen!), Teig in die Form legen und einen drei Zentimeter hohen Rand hochziehen.

50 g Mandelblättchen zum Bestreuen

- Spargel und Lachs darauf verteilen und mit Eiersahne übergießen. Mandelblättchen aufstreuen und 45 Minuten goldbraun backen.

- Vor dem Anschneiden zehn Minuten ruhenlassen.
Schmeckt am besten lauwarm, aber auch kalt.

Franziska Sperr studierte Politische Wissenschaften, Philosophie und Amerikanistik und lebte danach zwei Jahre in Paris. Sie war Redakteurin der politisch-literarischen Zeitschrift »L' 80«, arbeitete später als freie Journalistin, Autorin und Übersetzerin. 1998 bis 2001 war sie Pressesprecherin des Münchner Kulturreferenten. Sie schrieb Portraits und Interviews, Kurzgeschichten in Anthologien, Reportagen, Hörspiele und Filmtreatments. 1995 erschien die Romanbiographie »Die kleinste Fessel drückt mich unerträglich. Das Leben der Franziska zu Reventlow« im Goldmann Verlag. Franziska Sperr lebt mit Mann und zwei Kindern am Starnberger See und schreibt zur Zeit an einer größeren Erzählung.

Einerseits tut mir jeder leid, der noch nie ein Taboulé gegessen hat, andererseits auch wieder nicht, weil er noch etwas sehr Schönes vor sich hat: nämlich an einem lauen Sommerabend auf Terrasse oder Balkon sitzen, mit einem kühlen Glas Weißwein oder Rosé und ein paar Freunden. In der Mitte des Tisches steht eine Keramikschüssel mit Taboulé. Man kann es als Vorspeise servieren, denn es hat im weitesten Sinn etwas mit Salat zu tun. Als Hauptgang serviert schreit es nach einer Suppe vorher und einem sensiblen Nachtisch. Na ja, und als Beilage verlangt es nach einem gegrillten Stück Fleisch oder feinstem kalten Braten. Taboulé wird aus vorgegartem Couscous (dieses besteht wiederum aus Weizengries und ist in jedem Feinkostgeschäft in 250-g-Päckchen erhältlich) bereitet und könnte von einem kulinarischen Berserker als französisch-afrikanischer, süßsalzigscharfer Grießsalat umschrieben werden. In Wahrheit aber handelt es sich um eine außergewöhnliche Köstlichkeit.

Franziska Sperr

Taboulé
à la Franziska

ZUTATEN

1 Paket Couscous-Grieß
3-4 Zitronen

- Couscous in eine Schüssel geben, den Saft der Zitronen und ½ Glas Wasser zugießen und das Ganze eine Stunde aufquellen lassen. Es empfiehlt sich, immer mal wieder umzurühren, der Couscous-Grieß sollte nicht klumpig, sondern immer noch körnig sein.

5 Tomaten
½ Gurke
Eine Handvoll schwarze Oliven
Eine Handvoll Rosinen, Minze
3 scharfe, getrocknete Peperoni
Tabasco
Salz und Pfeffer nach Belieben

- Dann schneide man die Tomaten und die Gurke in sehr kleine Würfel, gebe dazu eine Handvoll entsteinte, geviertelte Oliven, die in Wasser gequollenen Rosinen, die feingehackte Minze, die zerriebenen Peperoni (und/oder ein paar Tropfen Tabasco), Salz und Pfeffer nach Belieben.

- Das Taboulé sollte dann etwa eine Stunde ziehen. Danach eventuell ein wenig nachschärfen oder salzen.

- Der Witz an der Sache: Süß (Rosinen) und scharf (Peperoni) und salzig (Oliven) ist vielleicht nicht die Sache eines jeden. Aber wer dafür einen Sinn hat, der kommt davon nicht mehr los.

In Stuttgart geboren, in Hamburg und Wiesbaden aufgewachsen, führte mich als Nordlicht mein Weg 1967 nach München. Und was soll ich sagen: Die Stadt strahlt für mich heute noch, was vielleicht daran liegt, daß sie von vielen Nordlichtern erhellt wird. In der kunstsinnigen Stadt München befaßte ich mich intensiv mit der Malerei und Bildhauerei. Es entstanden die ersten Aquarelle. Später wurden Acryl und Öl zu meinen bevorzugten Techniken. Ebenso wie die bildende Kunst fasziniert mich die italienische und französische Kochkunst. Davon profitieren Mann, Kinder und Katzen, die – Malerei hin, Bildhauerei her – versorgt sein wollen – und das möglichst ohne großen Aufwand.

Ilona Schiedermair
Daube à la provençale
Rindfleischragout mit frischen Steinpilzen

ZUTATEN

(für vier Personen)

1 kg mageres Rindfleisch zum Schmoren

- Rindfleisch in große Würfel schneiden.

400 g Tomaten
½ dünne Selleriestange mit Grün
2 Zwiebeln
3 große Knoblauchzehen
4 EL Olivenöl

- Tomaten überbrühen, häuten und vierteln. Selleriestange in feine Streifen schneiden. Zwiebeln achteln und mit den Knoblauchzehen in zwei Eßlöffeln Öl andünsten.

Salz
Pfeffer

- Das restliche Öl in einen Schmortopf geben, erhitzen und das Fleisch darin zügig anbraten. Danach mit Salz und frischem Pfeffer aus der Mühle würzen.

2 Stengel Petersilie
2 Stengel Thymian
⅛ l Rotwein
Rindfleischbrühe

- Tomaten, Zwiebeln, Knoblauch, Petersilie, Thymian und Selleriestreifen dazugeben. Mit Rotwein und Fleischbrühe aufgießen, so daß alle Fleischwürfel knapp bedeckt sind. Bei schwacher Hitze und geschlossenem Topf 2 ½ Stunden leicht köcheln lassen.

400 g frische Steinpilze
Butter

- In der Zwischenzeit die Steinpilze in dünne Scheiben schneiden, in Butter anbraten und eine halbe Stunde, bevor der Braten fertig ist, in die Sauce geben.

- Vor dem Servieren Petersilien- und Thymianstengel herausnehmen.

- TIP: Als Beilage empfehlen sich Baguette oder in Thymianbutter geschwenkte kleine Kartoffeln und als Wein ein roséfarbener Bandol klassischer appellation contrôlée der Provence. Bon appétit!

Sie betreibt einen Secondhandshop für Damenklamotten, lebt in zweiter Ehe mit dem Engländer Godfrey sowie Tochter Jessica und Enkel Bryan in Schwabing. Hobbys: Lesen, Musik (klassisch) hören, Theater (modern) besuchen, für Freunde kochen – siehe Rezept.

Die ganze Zubereitung dauert zwar eineinhalb Stunden, ist aber völlig mühelos und läßt sich vorbereiten, lange bevor die Gäste kommen.

Karin Lawrance

Marillenhähnchen

im Römertopf

ZUTATEN

1 große Poularde Pfeffer, Salz, Curry 1 ½ Pfund frische Aprikosen oder 2 Päckchen getrocknete	• Huhn waschen, mit Salz, Pfeffer, Curry innen und außen würzen. Mit Aprikosen ausstopfen und in den gewässerten Römertopf legen.
1 Paket ungeschälter Reis 1 l Weißwein	• Den Reis darüberstreuen. Wein darübergießen, bis der Reis bedeckt ist. Bei frischen Aprikosen braucht man weniger Wein als bei getrockneten – gelegentlich mit einem Blick in den Topf kontrollieren.
Etwas Olivenöl	• Topf ins kalte Rohr stellen, bis auf 220 Grad aufheizen. Zehn Minuten vor dem Servieren Topf öffnen, Huhn mit Öl bestreichen und mit Oberhitze fertiggaren.

FÜR DIE SAUCE

¼ Pfund Butter Ein Glas Aprikosenmarmelade 1 Zitrone etwas Salz	• Für die Sauce Butter und Marmelade zusammen schmelzen, mit Zitrone und Salz abschmecken.

• TIP: Wenn die Gäste eine Stunde Verspätung haben, schmeckt es noch besser!

Die geborene Polin ist auch von ihren drei lebhaften Kindern nicht von ihrer Lieblingsbeschäftigung abzubringen, nämlich dem Kochen. Gut beschäftigt mit dem zweijährigen Martin und den streitsüchtigen Töchtern Lisa-Maria und Katharina (7 und 14 Jahre alt), kocht sie am liebsten aufwendige Speisen ganz nach dem Motto: Den ganzen Tag lang gekocht und in zehn Minuten verspeist! Ansonsten sorgt die junge, lebensfrohe Hausfrau noch für ihren Mann und für den von der etwas verrückten Familie geprägten Hund Molly. Da bleibt leider nicht viel Freizeit. Aber falls es für Ella Prankl mal zu so einem »Ausnahmezustand« kommen sollte, dann geht sie am liebsten mit ihrem Mann zum Essen.

Bigos ist ein polnisches Nationalgericht. Es wird als Eintopf über drei, vier Tage täglich zwei bis drei Stunden im Ofen gegart. Seinen besonderen Geschmack bekommt das Bigos erst nach mehrmaligem Aufwärmen. Bigos wird daher auch gerne als Partygericht hergenommen, da man es schon Tage vor dem Servieren vorbereiten kann (soll).

Ella Prankl

Bigos

– ein polnisches Nationalgericht

ZUTATEN

500 g Schweinefleisch
125 g Räucherspeck, 1 Zwiebel

- Schweinefleisch und Speck in Würfel schneiden, mit der gehackten Zwiebel kräftig anbraten.

200 g Knoblauchwurst
500 g Weißkraut, 500 g Sauerkraut
2-3 getrocknete Pflaumen,
Pilze, frisch oder getrocknet
Eine kleine Dose Tomatenmark
1 TL Kümmel, 1 TL Rosenpaprika
1 Lorbeerblatt, Salz,

- Knoblauchwurst, geschnittenes Weißkraut, Sauerkraut, Pflaumen, Pilze und Tomatenmark mit den Gewürzen hinzufügen.

1 Glas Weißwein

- Mit einem Glas Weißwein und soviel Wasser angießen, daß die gut vermischten Zutaten knapp bedeckt sind.

2 EL Mehl
Margarine

- Im geschlossenen Topf 1 ½ Stunden garen. Zwei Eßlöffel Mehl mit Margarine anschwitzen, mit Wasser löschen und dann untermischen. Mit Zucker, Salz und Pfeffer nachwürzen.

SCHNELLE VARIANTE:

800 g Sauerkraut

- Für Köchinnen, die es eilig haben, hier mein Bigos-Rezept, das viel schneller geht: Kraut mit Wasser kochen.

200 g Champignons

- Die Champignons säubern, schneiden, braten.

300 g Wurst (Knoblauchwurst, Lyoner oder Wiener Würstchen)
1 Zwiebel, 1 EL Mehl

- Die Wurst schneiden und mit der gehackten Zwiebel anbraten, das ganze mit Mehl binden und zu dem gekochten Kraut geben.

Salz, Pfeffer, Kümmel
Zucker und etwas Suppengewürz
1 EL Tomatenmark

- Ein paar Minuten dünsten und nach Geschmack würzen.

- Mit Salzkartoffeln oder Weißbrot servieren.

Petra Perle, geboren in den wilden 60er Jahren, studierte als Autodidaktin Kunst und Psychologie. 1983 heiratet sie den Münchner Musiker Harald Kümpfel, mit dem sie zwei Söhne hat. Mit extravaganten Kunstausstellungen machte sie sich zunächst in den 80er Jahren als Malerin und Performance-Künstlerin einen Namen. 1993 begann die gelernte Goldschmiedin, die am Viktualienmarkt aufwuchs, ihre Karriere als Schlagersängerin und Produzentin und verhalf dem Schlager durch engagierte Nachwuchsförderung zum Comeback. 1997 war sie Kandidatin für den Bundestag in München-Mitte und schrieb das Buch »Schöner Leben leicht gemacht – Die Hausfrau 2000«, das beim Heyne Verlag erschienen ist. Heute arbeitet das Multitalent täglich an ihrer Internetseite www.kunstjahr.de, auf der sie ihre Arbeiten zeigt.

Petra Perle

Gemüse

in Kokosmilch mit Basmatireis

ZUTATEN

1 Tasse Brokkoli (und/oder Karottenscheiben), Zucchini
Bambussprossen (aus der Dose)
Sojasprossen (immer frisch)
Zwiebeln, Tomaten
Paprika (oder was gerade da ist)
2-10 Knoblauchzehen
Sesamöl

- Das Gemüse, soweit nötig, kleinschneiden und mit zwei bis zehn Knoblauchzehen (etwas mehr, wenn mein Mann auf Reisen ist) in Sesamöl andünsten.

Gemüsebrühwürfel
Currypaste
1 Dose Kokosmilch

- Brühwürfel in ½ Tasse Wasser auflösen und damit das Gemüse aufgießen. Ein bis zwei Eßlöffel rote oder gelbe Currypaste vom Asiaten einrühren und das Ganze mit einer Dose Kokosmilch aufgießen. Fünf Minuten köcheln lassen.

1 Tasse Basmatireis

- 1 Tasse Basmatireis mit 2 Tassen Wasser und einem Eßlöffel Curry kochen.

- Das Gemüse im Reisring servieren. Fertig! Dauert keine 15 Minuten.

Farida Ohneis wurde in Asmara, Eritrea, geboren. Vater Ägypter, Mutter Italienerin aus Ferrara. Aufgewachsen in Ägypten, Saudi-Arabien, Rom, London, im Jemen und München. Ausgebildete Dolmetscherin in Englisch, Französisch, Arabisch, Italienisch, Deutsch und natürlich in Boarisch. Daß hat sie an der Seite ihres Mannes, des Vorsitzenden des Bayerischen Brauerbundes gelernt. Mit ihm hat sie im feschen Dirndl nahezu sämtliche bayerischen Brauereien und Wirtshäuser besucht. Aus ihrer Hobbymalerei wurde im Lauf der Zeit eine Berufung. Die Farben der Wüste, die leuchtenden Farben der Bazare in Kairo und im Jemen finden sich in ihren zahlreichen Bildern wieder, die durch ihre Leuchtkraft eine positive heilende Wirkung ausstrahlen. Ihr erstes Buch »Meine Käfige« ist im Jahre 2000 in Verona in englischer, französischer, deutscher und italienischer Sprache erschienen. Die Bilder wurden in Rom, Verona und München ausgestellt. Ihr besonderes Interesse gilt der Philosophie, Geschichte und Politik und den Religionen. Ihr Hobby ist das Kochen. Am liebsten mag sie die leichte, gesunde Küche aus südlichen Ländern mit vielen Kräutern und Gewürzen.

Farida Ohneis

Bamia

– Ägyptisches Nationalgericht

ZUTATEN
(für vier bis sechs Personen)

3 Zwiebeln
1 EL Gheebutter (erhältlich in orientalischen Lebensmittelgeschäften)
500 g Lammfleisch

• Die Zwiebeln schneiden, in Gheebutter glasig dünsten und das in fingerdicke Würfel geschnittene Lammfleisch dazugeben.

1 Handvoll ganze Korianderkörner
5 Knoblauchzehen

• Koriander und Knoblauch in einem Mörser zu einer Paste zerstampfen.

1 Dose geschnittene Tomaten
500 g frische Okraschoten
1 EL Tomatenmark

• Die Tomaten und die geputzten Okraschoten dazugeben und vorsichtig vermengen. Etwas Wasser aufgießen, Tomatenmark unterrühren und langsam circa 35 Minuten bei kleiner Temperatur köcheln, bis die Okraschoten »al dente« sind. Öfters vorsichtig umrühren, ohne die Schoten zu verletzen. Salz und Pfeffer nach Geschmack.

BEILAGE

1 Zwiebel
Gheebutter
250 g Reis

• Die Zwiebel kleinschneiden, in etwas Gheebutter glasig dünsten, dann den Reis dazugeben. Mit 1 ½ Tassen Wasser auffüllen und langsam köcheln lassen, bis der Reis trocken und ebenfalls »al dente« ist. Salz nach Geschmack.

FÜR DEN SALAT

3 Tomaten
1 mittlere Gurke
½ Zitrone
Petersilie
1 Bund Frühlingszwiebeln

• Dazu paßt ein Salat nach ägyptischer Art: Die Tomaten entkernen und in kleine Würfel schneiden, ebenso die geschälte Gurke. Olivenöl, Salz, Pfeffer, Zitronensaft, kleingeschnittene Petersilie, etwas Zucker und die kleingeschnittenen Zwiebeln (nur das Weiße) dazugeben und alles umrühren.

Gabriele Harrer ist in München geboren. Bei der Wahl des Studienfaches siegte die Neugier auf die großen erdgeschichtlichen und naturwissenschaftlichen Zusammenhänge über den Wunsch, Romanistik und Germanistik zu studieren. Als Zugeständnis an die Liebe zu Frankreich und Italien studierte sie jeweils ein Jahr in Montpellier und Fiuminata und gewann tiefe praktische Einblicke nicht nur in die Gesteine und Erdschichten, sondern auch in die dortige Küche.

Gabriele Harrer
Lauchkuchen
– etwas aufwendig, aber lohnend

ZUTATEN

450 g Weizenmehl
200 g Butter
1 Ei, 1 Eigelb
1 EL kaltes Wasser
Eine Prise Salz

- Als erstes aus Mehl, Butter und Eiern einen klassischen Mürbteig herstellen. Zutaten erst einmal mit einem Kochlöffel verrühren, dann mit den Händen kneten. Einen Eßlöffel kaltes Wasser darüber geben, weiter mit den Händen kneten, bis der Teig fest wird. Eine halbe Stunde kühl stellen.

FÜR DIE FÜLLUNG

1 Zwiebel
2 EL Olivenöl
1,5 kg Lauch
0,1 l Sherry

- Für die Füllung die Zwiebel hacken, den Lauch in Ringe schneiden und beides in einem schweren Topf mit etwas Olivenöl anbräunen, mit dem Sherry ablöschen, salzen und pfeffern.

- Zehn Minuten dünsten lassen, eventuell noch etwas Sherry zugeben. Dann abkühlen lassen und Flüssigkeit abgießen.

ca. 400 g gekochtes Kassler
⅕ l Sahne
300-400 g grob geriebener Greyerzer/Emmentaler
2-3 Eier (und das restliche Eiweiß von vorher)
Salz und Pfeffer aus der Mühle
1 TL Kümmel

- Das Kassler in kleine Würfel schneiden. Die Sahne mit dem geriebenen Käse, den Eiern und dem restlichen Eiweiß verquirlen, salzen, pfeffern, Kümmel dazugeben.

- Backofen vorheizen auf 200 Grad.

- Den Teig circa 2-3 Millimeter dick ausrollen und auf das gefettete Blech legen. Mehrmals mit einer Gabel einstechen, damit er durchbäckt. Die Kassler-Würfel und den Lauch darauf verteilen und mit der Mischung aus Sahne, Ei und Käse bedecken.

- Im vorgeheizten Backrohr auf der mittleren Schiene bei 200 Grad etwa 45 Minuten backen.

- TIP: Ergibt ein großes Blech Lauchkuchen als warmes Hors-d´oeuvre zum guten Wein für viele Freunde. Mit einer großen Schüssel Salat serviert, ein schönes Essen für bis zu sechs Personen (die sicher auch einen guten Wein dazu trinken). Teig und Füllung sind auch am Vortag gut vorzubereiten.

- TIP: Ein Backblech mit hohem Rand verwenden, da die Füllung beim Backen hochgeht und sonst leicht überläuft.

- TIP: Hier noch eine nicht nur bei Vegetariern beliebte Alternative, die gar nicht so süß schmeckt wie sie klingt: Statt des Kasslers 100 g in Sherry eingeweichte Rosinen zum Lauch geben, kurz mitkochen.
  Eventuell 100 g Pinienkerne dazumischen.

Während des Studiums Arbeit für die Deutsche Welthungerhilfe. Dabei Frederic Vester kennengelernt und von dessen Arbeit über Systemzusammehänge und Vernetzung fasziniert. Nunmehr seit 16 Jahren selbständig mit ihm zusammenarbeitend in ein völlig neues und weites Tätigkeitsfeld hineingewachsen. Von Lektorierung, Webdesign, Computerspezialistin, Öffentlichkeitsarbeit bis zur Mitarbeit an der Entwicklung und Einsatz eines Computerprogramms zur Umsetzung des Vernetzten Denkens in Planung und Management. Durch langes Zusammenleben mit dem Künstler und Bildhauer Edmund tägliche Konfrontation mit elementaren Fragen der Kunst. Sonstige Beschäftigung (falls Zeit): immer schon sehr viel gelesen, möglichst originalsprachliche Literatur, Fotografie, zur Zeit digital. Wichtig sind Reisen ans Meer, Sprachen und Kochen für den großen und internationalen Freundeskreis aus Künstlern, Schriftstellern und Köchen. Das Kochen ist für mich ein wichtiger Teil meines Lebens, denn es bringt mich vom Hightech weg wieder zurück zu den elementaren Dingen des Lebens.

Auch ich wurde geboren, und zwar in Remscheid, im Bergischen Land, »wo die Wupper wild woget, die Nachtigall siiingt, wo die Berge hochragen, der Amboß erkliiingt …« – Dieser Benachteiligung habe ich mich gleich nach dem Abitur via Paris nach München entzogen. Dort schreibe ich, von meinen Anfängen als Übersetzerin von Theaterstücken und von kleinen Ausflügen in die Prosa abgesehen, seither fürs Fernsehen. »Ich brauche dich, ich brauche dich sogar sehr …« – wenn man es geschickt anstellt und nicht zu originell variiert, kann man mit dieser Art von Sätzen – auf diverse Familienserien verstreut – durchaus sein Leben verdienen. Da das Ganze überraschenderweise manchmal noch wiederholt wird, ist sogar ein kleines Häuschen in Mallorca dabei herausgesprungen, als es dort noch spottbillig war. Dahin verschwinde ich immer öfter und immer lieber und könnte mich eines Tages ganz dorthin zurückziehen, wenn wirklich kein Mensch mehr diese Sätze hören will. Und endlich was Gescheites schreiben. Ich weiß nur nicht, ob ich ausgerechnet als Rezeptlieferant tauge, denn – wie hat mein bayerischer Ehemann mir wiederholt aufs Liebenswürdigste versichert – von all den vielen Frauen in seinem Leben soll ich die schlechteste Köchin sein …

Diesen Fischauflauf hat einmal ein Mann auf den Tisch gezaubert, während ich mit seiner Frau verzweifelt Sätze gebastelt habe. Wenn die Gäste kommen, braucht der Auflauf nur noch in den Ofen, so entgeht einem fast nichts von der Unterhaltung.

Uta Geiger-Berlet

Florentinischer Fischauflauf

ZUTATEN
(für vier Personen)

Kartoffeln, Milch Butter, Muskatnuß	• Kartoffelpüree aus Salzkartoffeln, warmer Milch und einem Stich Butter zubereiten und mit Muskatnuß würzen.
Zwiebel, Blattspinat Knoblauch, Salz und Pfeffer	• Danach gart man in einem Topf kleingehackte Zwiebeln und gibt den Blattspinat mit Salz, Pfeffer und Knoblauch hinzu.
4 Seezungenfilets	• Die Seezungenfilets werden eine Minute in kochendem Salzwasser blanchiert.
Eine Handvoll Shrimps	• In einer feuerfesten Form wird das Püree am Rand verteilt. Der Boden der Form wird mit dem gut abgetropften Blattspinat gefüllt. Auf das Spinatbett kommen die Seezungenfilets und eine Handvoll Shrimps.
1 Becher Crème fraîche 1 Becher Joghurt 250 g Parmesan und Emmentaler (gemischt)	• Über das Ganze streicht man jetzt die Käsesauce, eine Mischung aus Crème fraîche, Joghurt, Parmesan und Emmentaler.
	• Und ab in den auf 200 Grad vorgeheizten Ofen, wo der Auflauf gebacken wird, bis er oben goldgelb und kroß ist.

Inés Berber wurde 1966 nach ihrem Volontariat bei der »Augsburger Allgemeinen« mit gerade mal 20 Jahren Bayerns damals jüngste Redakteurin. Danach sammelte sie Erfahrungen bei verschiedenen Zeitungen und Zeitschriften, beim Fernsehen und diversen Presseabteilungen, bis sie 1983 bei der Süddeutschen Zeitung landete, für die sie bis 2002 als Redakteurin im Einsatz war. Da sie jedoch Routine, Spießigkeit und Einengung als ihre Hauptfeinde betrachtet, stellte sie mit 56 ihr Leben wieder einmal auf den Kopf, um seither als freie Autorin und Schriftstellerin zu arbeiten. Ihr ganzer Stolz: Sohn Thomas, der 1978 zur Welt kam. Inés Berber war zweimal verheiratet und lebt jetzt als glücklicher Single in München.

Inés Berber

Wildente à l'orange

– edel und ganz einfach in der Zubereitung

ZUTATEN (für vier Personen)	
2 frische (oder gefrorene) Wildenten Salz, Pfeffer	• Die Wildenten waschen, mit Küchenkrepp gut trocken tupfen, dann innen und außen mit Salz und Pfeffer einreiben.
50 g Butter Ein paar Tropfen Sonnenblumenöl	• Die Butter mit etwas Sonnenblumenöl in der Reine heiß werden lassen und die Enten von allen Seiten darin anbraten.
	• Das Fett anschließend entfernen und nur die Röststoffe in der Reine lassen.
Thymian, Rosmarin Estragon Saft von 4 frisch gepreßten Orangen und 2 Zitronen ¼ l trockener Weißwein	• Die Enten wieder reinlegen, mit Thymian, Rosmarin und Estragon würzen und den Saft mit dem Wein zugeben. Nun wird die Reine entweder mit einem Deckel oder mit Alufolie dicht abgedeckt und bei 200 Grad im vorgeheizten Ofen zwei Stunden gebraten.
1 TL dunkle Sauce aus dem Päckchen	• Zum Schluß noch etwas Weißwein dazugießen und die Sauce mit dunkler Sauce (von Knorr oder Maggi) binden und mit einer Prise Zucker würzen.
100 g mageren Frühstücksspeck (kann auch der abgepackte Bacon sein)	• Den Speck auf einer vorgewärmten Platte anrichten und die Enten auf dem Rost noch so lange im ausgeschalteten Ofen lassen, bis die Beilagen fertig sind.

Als Beilage gibt es Apfelblaukraut aus der Tiefkühltruhe, das mit einer kleingewürfelten Birne aufgepeppt und nach Anweisung gegart wird, und Kartoffelbrei, der folgendermaßen zubereitet wird:

FÜR DIE BEILAGE

1 kg mehlige Kartoffeln
Salz

- Die geschälten und in Stücke geschnittenen Kartoffeln in wenig Salzwasser dämpfen und das Wasser abgießen, wenn sie fertig sind.

- Die Kartoffeln mit einem Küchentuch bedecken, Deckel drauf und noch eine Minute auf dem abgeschalteten Herd dämpfen lassen.

Heiße Milch
Butter
Zucker, Muskat

- Dann die heiße Milch, die Butter, Salz, eine Prise Zucker und Muskat zugeben. Mit dem Handmixer aufrühren, aber nicht zu lange, sonst wird er zäh.

- TIP: Notfalls geht auch Kartoffelbrei aus der Tüte, schmeckt allerdings längst nicht so toll. Die Gäste werden übrigens vom außergewöhnlichen Geschmack der Sauce und der Wildente in Kombination mit den Beilagen begeistert sein!

Ich wollte schon mit 15 Jahren Journalistin werden, weil ich merkte, daß man dann vieles fragen darf, was einem kleinen Mädchen damals verwehrt war. Also: Abitur, Journalistenschule in München, Volontariat beim Münchner Merkur, Redakteurin bei der Abendzeitung. Dann Bayerischer Rundfunk, Zeitfunk, Bayern 3, Oberbayern live, Rundschau im Fernsehen, Bayern-Report mit Heinz Burghart. Ab 1988 ML Mona Lisa beim ZDF, als Redaktionsleiterin und Moderatorin, fast zehn Jahre lang, bis ich 1997 mit »Mit mir nicht – Welsers Fälle« ein ZDF-Ombuds-Magazin startete. Seit 2001 leite ich das ZDF-Studio in London.

Maria von Welser

Coq au vin

ZUTATEN
(für vier Personen)

Kalt gepreßtes Olivenöl
2 große gehackte Zwiebeln
2 zerdrückte Knoblauchzehen
4 Hähnchenschenkel
4 Hähnchenbrüste

- Öl in einem großen Steinguttopf erhitzen. Zwiebeln glasig andünsten, Knoblauchzehen und Hähnchenteile dazugeben und anbraten. Wenn sie auf allen Seiten leicht gebräunt sind, Hähnchen herausnehmen und beiseite stellen.

125 g kleingeschnittener Schinken
250 g Champignons
250 g kleingeschnittene Karotten
1 l guter Rotwein

- Schinken, Champignons und Karotten in dem Topf etwa eine Minute dünsten. Hähnchenteile wieder in den Topf zurückgeben, mit Wein bedecken.
- Aufkochen, die Hitze reduzieren und zugedeckt so lange köcheln lassen, bis das Fleisch gar ist. Immer wieder Wein nachgießen, damit das Fleisch stets bedeckt bleibt.

2 EL Maismehl

- Nach und nach rühre ich das Maismehl in die Weinsauce ein. Dann lasse ich die Sauce aufkochen und eindicken. Drei Minuten reichen meistens.

Gehackte Petersilie
Gehackter Salbei

- Kurz vor dem Servieren streue ich die Petersilie und den Salbei darüber.
- Das Coq au vin schmeckt prima mit französischem Baguette oder Reis und immer mit Salat. Wenn Sie vorgekocht haben, stellen Sie ihren Hühnertopf an einen kühlen Platz draußen auf dem Balkon oder auf der Terrasse, damit kein Aroma verlorengeht.
- TIP: ich mache das Coq au Vin schon einen Tag vorher, erstens habe ich dann Zeit für die Gäste, und zweitens schmeckt es »aufgewärmt« noch viel besser.

»Meine Mutter, die in Indien geboren wurde, hatte noch nie gekocht, bis sie 1947 nach England übersiedelte. Sie kocht mittlerweile sehr gut und vor allem sehr phantasievoll, wenn auch manchmal etwas gewöhnungsbedürftig: frische Minze auf gekochte Kartoffeln, immer eine Chilischote zur Hand.« Seit Jahren schon gilt die in München lebende Engländerin Jenny Evans unter Kennern als Deutschlands »First Lady of Jazz«. Daß man sie noch nicht überall kennt, liegt einzig dran, daß sie verschiedene andere Eisen im Feuer hat. Die Bandbreite ihrer Aktivitäten ist beeindruckend.

Jenny Evans

Winnie's Indian Pancakes

ZUTATEN

275 g Mehl
400 ml Milch
2 Eier, Salz
100 ml Wasser

- Aus den Zutaten einen Pfannkuchenteig zubereiten. Mindestens 30 Minuten ruhenlassen.

FÜR DAS BUDJA, DAS INDISCHE GEMÜSE

2 Zwiebeln
1 ½ EL Öl,

- In der Zwischenzeit die Zwiebeln grob hacken und mit dem Öl in einem Topf dünsten.

3 EL Currypulver
2 Knoblauchzehen
3 Kartoffeln
1 kleine Dose Tomaten
1 EL Tomatenmark

- Wenn sie glasig sind, das Currypulver und den gehackten Knoblauch hinzufügen, danach die geschälten und gewürfelten Kartoffeln sowie die Tomaten aus der Dose und das Tomatenmark. Mit soviel Wasser aufgießen, daß die Kartoffeln gerade bedeckt sind.

1 grüne Paprikaschote
2 gehäufte TL Hühnerbrühe aus dem Glas

- Paprikaschote entkernen, in kleine Stücke schneiden und in das Curry geben. Mit Hühnerbrühepulver würzen und zehn Minuten köcheln lassen.

1 Blumenkohl

- In der Zwischenzeit den Blumenkohl putzen. Strunk in Würfel schneiden und vor den Blumenkohlröschen in den Topf geben. Wenn nötig soviel Wasser hinzugeben, daß die Röschen halb bedeckt sind.

1/2 Tasse rote Linsen

- Das Curry weitere fünf Minuten leise köcheln lassen. Dann die Linsen hinzugeben und nach wiederum fünf Minuten vom Herd nehmen.

- Acht Pfannkuchen backen und warm stellen.

Sojasauce
Cayennepfeffer nach Geschmack
Frisches Korianderkraut

- Das Curry abschmecken und nach Geschmack mit Sojasauce und Cayennepfeffer würzen. Das Korianderkraut grob hacken und untermischen. Pfannkuchen mit Currygemüse füllen und mit Limepickle oder Mangochutney servieren.

- TIP: Die Pfannkuchen waren meine Leibspeise als Kind. Man kann die Mengen ändern wie man will und mit etwas Cayennepfeffer auch schärfer zubereiten. Reste schmecken sehr gut zu Reis und scharf gewürzter Putenbrust.

(Und noch ein Rezept von Jenny Evans)

JENNY'S THAI FISCHTOPF

600 g Seelachsfilet
Zitronensaft, Salz

- Das Seelachsfilet in große Stücke schneiden, mit Zitronensaft beträufeln und salzen.

1 große Fenchelknolle
1 rote Paprikaschote

- Fenchelknolle und entkernte Paprikaschote grob schneiden und mit ¼ l Wasser in eine Pfanne geben. Bei geschlossenem Deckel ca. fünf Minuten dünsten.

1 Stück frischer Ingwer
3 Knoblauchzehen
1 TL Hühnerbrühe aus dem Glas
1 Stange Lauch
Frisches Korianderkraut

- Ingwer und Knoblauch schälen, hacken und mit dem Currypulver und der Hühnerbrühe zum Gemüse geben. Lauch putzen, in Ringe schneiden, Korianderkraut hacken.

1 Bund Frühlingszwiebeln
ca ½ Packung Kokosnußmilchpulver

- Wenn der Fenchel weich ist, den Fisch mit seinem Saft und die Frühlingszwiebeln unter das Gemüse geben. Bei geschlossenem Deckel weitere drei Minuten dünsten. Die Sauce mit Kokospulver binden.

Sojasauce und Cayennepfeffer

- Abschmecken mit Sojasauce, Cayennepfeffer und Zitronensaft. Schmeckt gut mit Baguette oder auf Reis.

- TIP: Kinder und Naschkatzen mögen es, wenn mit dem Fisch eine in Scheiben geschnittene Banane unter das Gemüse gemischt wird.

Sie steht auf Schauspiel- und Musical-Bühnen (»Kiss me Kate«, »Educating Rita«) und war in zahlreichen TV-Rollen (»Tatort«, »Alle meine Töchter«) zu sehen. Bis Ende der 80er Jahre leitete sie ihr eigenes Jazzlokal, Jenny's Place. Sie arbeitet als Synchronisations- und Off-Sprecherin in Film und Radio, schreibt eigene Songtexte und tritt in Galaveranstaltungen auf. All das, vor allem die Theatererfahrung und die Präsentation von Texten, schlug sich auch in ihrer charismatischen Präsenz und Stilistik nieder. Die Evans ist zu einer großen, individuellen Song-Interpretin gereift, die vor allem Wert auf absolute eigenständige Interpretation von Jazz-Standards und auch unbekannten jazzfremden Stücken legt. »Jenny Evans is the leading female jazz singer in Germany«, schrieb das Time Magazine im Februar 1996.

Geboren im Zeichen des Krebses, der sich den Löwen als Aszendenten erwählte, wächst sie mit einem beinahe zwei Jahre älteren, musischen Bruder auf, behütet von einem Schauspieler-ehepaar, das die Schattenseiten des Berufs kennenlernte. Mit vier Jahren beginnt ihre Filmkarriere als »Engelchen« in »Der Brandner Kaspar schaut ins Paradies«. Nach dem Abitur und einer Studentenkurzehe geht sie erst einmal für die Lehrjahre in die Provinz, hat das Glück, sich 1972 die Welt als »Marie« im »Woyzeck« mit dem Goethe-Institut ansehen zu dürfen, und erspielt sich an verschiedenen Theatern ein großes Repertoire unter Regisseuren wie Gerd Heinz und Ingmar Bergmann. Mit Willy Millowitsch ist sie in ihrer ersten Fersehhauptrolle zu sehen, Rainer Erler holt sie, es folgen wichtige und unwichtige Film- und Fernsehproduktionen mit Regisseuren wie Gessner, Griesmayr, Itzenplitz, Schirk und F. P. Wirth. Im BR ist sie seit über 20 Jahren in Rollen

Elisabeth Wicki-Endriss

Schnitzelchen

à la Berni mit Kartoffelsalat

ZUTATEN

4 Kalbsschnitzel (am besten von Nuß oder Schulter)

- Die Schnitzel waschen, abtupfen, mit einem Küchenmesser vorsichtig flach drücken und die feinen Hautränder einschneiden, damit sich das Schnitzel beim Backen nicht zusammenzieht.

Salz, Pfeffer, Mehl

- Die Schnitzel leicht salzen, pfeffern und hauchdünn mit Mehl bestäuben.

2 Eier
Semmelbrösel

- Anschließend wird das Fleisch durch die in einem tiefen Teller verklopften Eier und durch die Semmelbrösel gezogen. Sofort backen, sonst wird die Panade feucht. Das Fett in der Pfanne sehr heiß werden lassen und die Schnitzel darin auf beiden Seiten 1 ½ Minuten goldbraun backen. Während des Backens die Pfanne wiederholt schütteln, damit das Fett die Schnitzel »überspült«.

Schweinefett oder Butterschmalz und Butter

- Herausnehmen und nochmals kurz in aufgeschäumter Butter schwenken.

- Auf Küchenkrepp abtropfen lassen und vor dem Servieren mit Zitronenspalten und Petersilie garnieren.

Dazu schmeckt am besten ein schöner Kartoffelsalat.

FÜR DEN KARTOFFELSALAT

1,5 kg mehlige Kartoffeln 2 Zwiebeln Schwarzer Pfeffer, Salz Altmeister Weinessig Sonnenblumenöl	• Kartoffeln kochen, noch warm schälen und schneiden. Zwiebeln fein würfeln. Pfeffer, Salz, Essig und Öl mischen und über die warmen Kartoffelscheiben geben.
Fleischbrühe aus gekörnter Brühe oder frisch gekocht und mit Liebstöckel gewürzt	• Danach die heiße Fleischbrühe darübergießen.
3 Eier Mayonnaise	• Ein ganzes Ei und ein Eidotter verquirlen und unterheben. Oder zwei gekochte Eier würfeln und zusammen mit der Mayonnaise – ganz nach Geschmack – unterheben.
150-200 g Speck	• Den ausgelassenen Speck unter die Kartoffeln mischen. Wer das Fett dazugeben will, sollte entsprechend weniger Öl in die Marinade geben, sonst wird der Salat zu fett.
	• Zum Schluß mit in Scheiben geschnittenen Eiern und gehackter Petersilie garnieren und reichlich Pfeffer aus der Mühle darüberstreuen.

und Lesungen zu hören, vor allem in der »Sonntagsbeilage« von Michael Skasa. 1977 trifft sie Bernhard Wicki, verliebt sich unsterblich in ihn und wird 23 gewaltige Jahre mit ihm leben, die letzten fünf als seine Frau. Zwei Filme machen sie zusammen, »Sansibar oder der letzte Grund« – es ist ihrer beider glücklichste Zeit – und »Das Spinnennetz«, Wickis letzter Film. Am 5. Januar 2002 stirbt er. Sie gründet den »Bernhard Wicki Gedächtnis Fonds« und bereitet einen Film über das Vermächtnis ihres Mannes vor. Sie liebt Wahrhaftigkeit, Flaubert und Gedichte. Schon immer liest sie gern, und nun schreibt sie auch gern. Sie liebt Rosen und Vergißmeinnicht und alle Blumen, sieht gerne Tierfilme und ist unendlich verliebt in Katzen.

ERFRISCHEND FRUCHTIG UND SÜNDHAFT SÜSS:

Köstliche Desserts und Kuchen

Münchner Richterin zur Zeit für Wirtschaftsstrafsachen am Landgericht, seit 20 Jahren auf dem Weg durch die Institutionen. Ich versuche, Beruf und vier Kinder unter einen Hut zu bringen, was ohne Ganztagsschule in Bayern nicht zu schaffen ist. Ohne das Kloster Schäftlarn wäre ich aufgeschmissen. Ich bin geboren bei den Nonnen am Nymphenburger Schloßpark. Als Tochter einer Kritikerpäpstin und Kulturträgerin und eines bayerischen Tennismeisters, der Doktor der Philosophie und Lebenskünstler war, beschloß ich mit sechzehn, Richterin zu werden und die Welt zu verändern.

Das ist mein Beitrag zum Ratzfatz-Frauenfrühstück. In meiner Küche hängt ein gemaltes Bild von Petra Perle, das heißt: »Juristenpark – ein Abenteuer, das vor 65 Millionen Jahren begann.« Es zeigt einen zähnefletschenden Spielberg-Dinosaurier mit schwarzer Robe und Paragraphen im Maul – das bin ich. Im Juristenpark entsteht Juristenquark. Juristenquark ist meine Spezialität. Wenn ich über den katastrophalen Personalabbau in der Münchner Justiz (Richter schreiben ihre Urteile selber und putzen ihre Dienstzimmer) und über die Schere im Kopf von unabhängigen Richtern nachdenke, vor allem über den darin festsitzenden vorauseilenden Beamtengehorsam gegenüber der Staatsregierung (diese Äußerung kostet mich ein paar Punkte in der nächsten Beurteilung von wegen Unabhängigkeit!), dann knalle ich einen sauren Juristenquark in die Schüssel.

Harriet Weber

Juristenquark

ZUTATEN

1 großer Becher Quark 1 Joghurt	Quark mit Joghurt mischen.
1 Zitrone	Saft und Schale einer Zitrone dazugeben.
1 Päckchen Vanillezucker Etwas Zucker	Vanillezucker darunterrühren und mit Zucker abschmecken – fertig!

Wenn ich aber eine richtig gerechte Entscheidung gefunden und Rechtsfrieden hergestellt habe (so etwas gibt's!), dann serviere ich einen hoffnungsvoll rosa schimmernden Juristenquark mit Erdbeeren. Der geht auch ganz einfach:

Harriet Weber

Juristenquark
mit Erdbeeren

ZUTATEN

1 kg Erdbeeren
100 g Puderzucker
4 cl Erdbeerlikör oder Himbeergeist
Balsamico

• Die Erdbeeren waschen, längs vierteln, mit Puderzucker, Erdbeerlikör verrühren, mit ein wenig Balsamico abschmecken, ziehen lassen.

3 Eier
75 g Zucker
150 g Mascarpone

• In der Zwischenzeit drei Eigelb mit Zucker schaumig schlagen, Mascarpone unterrühren.

200 ml Sahne

• Die Sahne steif schlagen und ebenfalls unterrühren. Kalt stellen.

• TIP: Jeder kann sich selber soviel Mascarponesauce über die Erdbeeren gießen, wie er will. Dazu passen geröstete Pinienkerne.

Da ich stur und willensstark bin, setzte ich den Plan in die Tat um, zumindest was das Ziel Richterin anlangt. 1973 begann ich mein Studium in Berlin zu einem Zeitpunkt, wo Frauen an der Juristischen Fakultät im wesentlichen als Berta Bumske oder Lola Haltlos in den Fallbeispielen der juristischen Dogmatik vertreten waren. Weil ich Fachidioten hasse, studierte ich nebenbei Theaterwissenschaften, Geschichte und Politologie. Aus der Identifikationskrise halfen mir Professorinnen und Alice Schwarzer mit ihrem Frauenzentrum in der Yorkstraße. Über ein Referendariat in Schweden, der Arbeit als Rechtsanwältin und Staatsanwältin wurde ich Richterin.

Bea Betz wurde in Braunschweig geboren, studierte Architektur an der TU in München und am Carnegie Institute of Technology, Pittsburgh, USA. Um sich in der Praxis auf dem Bau als Frau ganz bestimmt nichts vormachen lassen zu müssen, lernte sie Maurer und Zimmermann. Auf dem Reißbrett der ehrgeizigen Architektin entstanden aber nicht nur Projekte wie das Hypo-Hochhaus in München, sondern auch Schulen, Kindergärten, Theater, Kongreßhallen und Botschaften, die alle ihre typische Handschrift tragen. Denn Bea Betz blieb bei allen ihren Projekten – ob bescheiden oder extravagant – immer ihrem Rezept treu, das da heißt »Bauen für einen bestimmten Ort heißt nachdenken über das Besondere.« Bea Betz ist im Bund Deutscher Architekten, in der Bayerischen Architektenkammer, in der Münchner Stadtgestaltungskommission und dem Architects Council of Europe. Die Qualität ihrer Arbeit bescherte ihr europaweit Preise der Anerkennung.

Ausgerechnet eine Frau ist es gewesen, die im Auftrag der Hypobank das erste Hochhaus in München baute und damit in Bogenhausen Zeichen setzte – Bea Betz. Die Münchner, verliebt in die Kirchtürme und ansonsten architektonischen Höhenflügen eher abgeneigt, haben das hypermoderne Wahrzeichen ins Herz geschlossen.

Bea Betz

Erfrischende Süßspeise

ZUTATEN

Zutaten	
Crème fraîche Süße Sahne Kleine helle Weintrauben ohne Kerne	• In eine flache Schüssel gibt man schichtweise die Crème fraîche, die geschlagene Sahne und die abgezupften, gewaschenen Weintrauben.
	• Die Schichtung nach Lust und Laune wiederholen und dann die Speise bis zum Servieren in den Eisschrank stellen.
Brauner Zucker	• Vor dem Servieren mit braunem Zucker bestreuen.

»Wer is hier a echte Münchnerin?« fragte jemand auf dem fünfzigsten Geburtstag eines Freundes. Ich habe einfach die Hand gehoben, und nicht eine Wimper hat gezuckt. Dabei spreche ich nicht einmal touristenbayerisch. Im Münsterland als katholische Bürgertochter geboren, wird man Sozialpädagogin und träumt von der Kunst. Dante, Thomas Mann, Anselm Kiefer, Giuseppe Ungaretti, Cy Twombly und so weiter. Heute verlege ich welche in meinem vor sieben Jahren gegründeten Hörverlag. Und das ziemlich erfolgreich und träume weiter von noch mehr Kunst.

Zur Beruhigung für Onkel Bernhard, der sich immer gefragt hat: »Wat wett us de Deern?« Dazwischen lagen journalistische Tätigkeiten, nationales und internationales Management im Filmbereich und TV-Produktionen, zwei Jahre davon Ostblockerfahrung mit Büro in Moskau. Kulinarisch steht Münster für »Töttchen« und Erdbeerbowle. In ersteres kommen unter anderem kleingehackte Schweinefüße, das zweite besteht aus Altbier, Wein und Erdbeeren, die nach spätesten drei Stunden ganz weiß und aufgequollen aussehen.

Also, was kann ich noch, habe ich mich gefragt und kann als Nachtisch meine Mousse au chocolat übrigens nur empfehlen. Sie macht Eindruck, geht schnell, klappt immer und ist seit zwanzig Jahren ein unschlagbarer Klassiker.

Claudia Baumhöver

Mousse au Chocolat

nach der Ratzfatz-Methode

ZUTATEN

180-200 g Zartbitter Schokolade
1 Espresso

• Die Schokolade in einem Espresso langsam schmelzen.

4-5 Eier

• Die Eier trennen und das Eigelb schaumig rühren. Die lauwarme Schokolade nach und nach unterrühren.

1 Becher Sahne
1 Päckchen Vanillezucker

• Einen Becher Sahne mit Vanillezucker steif schlagen und zuletzt vorsichtig unterziehen. Abdecken und mindestens vier Stunden in den Kühlschrank stellen.

Gymnasium, Akademie der bildenden Künste in München, Malerei und Textilentwurf. Gewerbeschule Basel, Gebrauchsgraphik. Sechsjähriger Aufenthalt in Italien, Basilicata, Calabrien, Sardinien, Rom. Spanisch-Studium in München. Lange Aufenthalte in Madrid und Nordspanien. Lektorat und internationale Autoren-Kontakte im Deutschschweizer medizinischen Verlag Aesopus. Tageszeitung, Münchner Merkur, Volontärin und Redakteurin. Frauenzeitschrift Cosmopolitan, Redakteurin, dann feste freie Autorin, danach Chefredakteurin. Seit August 1996 freie Autorin. Verheiratet in zweiter Ehe mit Verleger Georg von Hatzfeld, seit August 2000 verwitwet.

Angelika von Hatzfeld

Zitronenschaum

– ein Traum für vier Personen

ZUTATEN

2 Blatt Gelatine	• Zwei Blatt Gelatine in kaltem Wasser einweichen.
3 Eier 125 g Zucker	• Eiweiß und Dotter von drei Eiern mittlerer Größe trennen. Die Dotter mit 125 g Zucker so lange rühren, bis eine weißlich schaumige Creme entsteht.
1 Zitrone	• Schale einer Zitrone hineinreiben. Saft der Zitrone dazugeben. Gut durchrühren.
	• Das Eiweiß steif schlagen. Die gut ausgedrückten Gelatineblätter in zwei knappen Eßlöffeln kochendem Wasser auflösen und schnell in die Eicreme rühren. Dann das Eiweiß darunter heben.
	• Mindestens eine Stunde im Kühlschrank ruhenlassen.
	• TIP: Der Zitronenschaum, da sehr leicht und ohne Fett, eignet sich besonders gut als Dessert nach einem eher schweren Hauptgericht.

Geboren vor ziemlich langer Zeit in München. Mit 17 Jahren Abitur und Beginn des Medizinstudiums. Kurz darauf vom Kino verführt. Zunächst kleine Rollen in den Semesterferien, dann größere (»Ludwig II« mit O.W. Fischer). Bundesfilmpreis für »Des Teufels General« neben Curd Jürgens, Regie Helmut Käutner. Nach dem Physikum erst einmal eine Pause im Studium, dann Hollywood (»Four girls in town«) und eine Menge deutscher und internationaler Produktionen, unter anderen »Für eine Handvoll Dollar« mit Clint Eastwood. 1970: Schluß mit dem Film für alle Zeiten, zurück zur Medizin. 1974 Staatsexamen, danach zehn Jahre Assistenzärztin in Krankenhäusern, 1985 Niederlassung in München als Internistin. Seit 1997 als Sachbuchautorin (»Mein Gesundheitsbuch«, dtv, München, »Tief einatmen!«, Hanser Verlag, München) und Medizinjournalistin tätig, derzeit »Gesundheitsgespräch« im Bayerischen Rundfunk, BR-Alpha und Internet.

Marianne Koch

Tutzinger Zwetschgendatschi

ZUTATEN

100 g Butter 150 g Zucker	• Butter auf Zimmertemperatur anwärmen (sollte aber nicht zerlaufen) und mit der Hälfte des Zuckers kurz schaumig rühren.
1 Ei 2 EL Rum ca. 200 g Mehl 1 Prise Backpulver	• Ein ganzes Ei, den Rum (oder Cognac) dazugeben und dann das Mehl zusammen mit einer Prise Backpulver darunterrühren.
	• Der Teig darf nicht mehr weich, aber auch nicht fest sein. Den Teig breite ich in eine gefettete Springform, lege Küchenfolie darüber und drücke ihn gleichmäßig in die Form und an die Ränder, damit er am Schluß nicht dicker als drei Millimeter ist.
1 kg Zwetschgen 50 g Mandeln Zimt	• Darauf kommen dicht an dicht die halbierten Zwetschgen. Darüber die grob gemahlenen, ungeschälten Mandeln, dann erst der Rest des Zuckers und – ziemlich großzügig – das Zimtpulver.
	• Bei etwa 180 Grad 45 Minuten auf der mittleren Schiene des Ofens backen. Fertig!
	• TIP: Als das böse Cholesterin noch nicht erfunden war (wie mein Freund Michael Krüger sagt) gab es kühlen, leicht gezuckerten Schlagrahm zum Datschi. Heute verzichtet man besser darauf. Schmeckt aber auch so!

Wenn Colette Warren in ihrer Schwabinger Küche steht und einen Pecan Pie dick mit Nüssen belegt, dann kehrt sie im Gedanken zurück nach Williamson in West Virginia. Dort wurde sie geboren. In den Adern der Operettendiva fließt rotes, schwarzes und weißes Blut. Unter ihren Vorfahren sind Landvermesser und Indianersklaven. Und dieses Temperament ist zu spüren, wenn die Koloratur-Sopranistin auf der Bühne steht und »Vilja« aus der »Lustigen Witwe« singt, eines ihrer Lieblingslieder. Die Operette bringt sie ins Schwärmen. Noch heute ist sie bei der weihnachtlichen Operetten-Gala im Münchner Gasteig ein gefeierter Star. Ihr Vater, ein engagierter Arzt, der eigentlich Geigenspieler werden wollte, hatte Colettes Traum vom Gesangsstudium unterstützt. Über New York, wo sie an der angesehenen Juliard Musikschule studierte und sich bei der UNO als Fremdenführerin ihr Geld verdiente, kam sie nach zahlreichen Engagements in europäischen Opernhäusern auf Tournee mit »Porgy and Bess« nach München und ist für immer geblieben. Der Liebe wegen zu einem Münchner Veranstalter. Die bayerischen Knödel für ihren geliebten Hans kommen aber noch immer aus der Packung. Wenn Colette Warren kocht, dann ist sie wieder ganz Amerikanerin.

Colette Warren-Pilz

Pecan Pie

Zu deutsch: Amerikanische Nußtorte

ZUTATEN

2 Tassen Mehl
½ TL Salz
1 Tasse Butter oder Margarine

- Mehl, Salz und Butter zusammenmischen, zwei bis drei Eßlöffel kaltes Wasser dazugeben und zu einem Teig verarbeiten.

- Den Teig ausrollen, in eine Tarte-Form legen und in den Kühlschrank stellen.

FÜR DIE FÜLLUNG:

2 Eier
4 EL brauner Zucker
½ TL Salz
1 Päckchen Vanillezucker
1 Tasse Ahornsirup
2 Tassen Pecannüsse oder Walnüsse

- Zwei geschlagene Eier, Zucker, Salz, Vanillezucker, Sirup und Nüsse mischen und auf den gekühlten Teig gießen. Der Boden soll mit den Nüssen, die oben schwimmen, bedeckt sein.

- Im Ofen bei 150 bis 160 Grad etwa 45 Minuten backen, bis die Füllung fest ist und die Nüsse schön braun und »yummy« aussehen. Die Tarte auskühlen lassen – fertig!

Ein Kriegskind bin ich noch, und das hat mir wohl eine lebenslange Aversion gegen alles Militante eingebracht. Stationen: Schauspielschule in Weimar und Kunstgeschichte in Jena und Berlin-Ost. Der Mauerbau 1961 war der Anlaß, mit Mann und Kind gen Westen zu wandern. Schwierige Anfangsjahre, verbunden mit dem Gefühl, vom Regen in die Traufe gekommen zu sein. Schreiben als Ausweg: Hörspiele, Kurzprosa und schließlich Fernsehspiele. Engagement in der 68ger Bewegung, Scheidung und die Alleinverantwortung für den Sohn. Es folgen zehn Jahre Arbeit als Autorin, Dramaturgin und Producerin in der Bavaria Ateliergesellschaft. Seit den achtziger Jahren freie Drehbuchautorin und Lehrerin in der Drehbuchwerkstatt der Hochschule für Film und Fernsehen. Dreißig Jahre München. Nun ist's wohl Heimat geworden …

Ein bodenlos köstlicher Käsekuchen

Eva Mieke

ZUTATEN

5 Eier
100 g Zucker

- Die Eier trennen. Das Eigelb mit dem Zucker verquirlen, das Eiweiß zu Schnee schlagen.

1 kg Schichtkäse
Schale einer Zitrone
1 Päckchen Vanillezucker
1 EL Grieß
1 Handvoll nackte Mandeln
1 Handvoll Rosinen (evtl. in Cognac eingeweicht), 1 Prise Salz

- Den Schichtkäse unter die Eigelb-Zucker-Masse rühren; die Schale einer Zitrone, Vanillezucker und Grieß hinzufügen und zuletzt den Eischnee mit den gehackten Mandeln und den Rosinen unter den Quarkteig heben.

- Die Kuchenmasse sollte in einer gebutterten Springform bei mittlerer Hitze (180 Grad) ziemlich lange (60 bis 80 Minuten) backen. Eventuell nach einer Stunde die Oberfläche ein bißchen abdecken.

- Nach dem Erkalten läßt sich der Kuchen stürzen.

1951! Was für ein Jahrgang! Ein prickelnder Prosecco, gekeltert aus Tessiner und Kölner Blut, aber dennoch ein echtes Münchner G'wachs. Ihr geographischer Horizont reicht in der Isarmetropole vom Schwabinger Biederstein bis zur Osterwaldstraße, bestenfalls und ausnahmslos nur an Schultagen bis zum Bogenhausener Herkomer Platz. Horizontal wurde sie mit drei wohlgeratenen Kindern beglückt. Glücklich werden alle, die sie liebt und bekocht. Ihre Kreationen aus der Küche genießen ihre Freunde in Nicaragua genauso leidenschaftlich wie die auf Mykonos oder die in München. Früher erfreuten sie auch die Tautreter von Pfarrer Kneipp in Wörishofen, aber das ist vorbei. »Auf die Torta di Zabaglione darf man nicht verzichten, sie ist ganz einfach in der Zubereitung und schlägt alle Rekorde, was Gaumenfreude und Kalorien betrifft.«

Lucy Engler-Hamm

Torta di Zabaglione

– oder Nachspeise für acht bis zehn Personen

ZUTATEN

5 Eigelb 120 g Zucker	Mit dem Handrührgerät die Eigelb rühren, Zucker einrieseln lassen und cremig schlagen.
45 g Mehl 140 ml Weißwein 140 ml Marsala	Mehl unterheben. Wein und Marsala einrühren. Die Masse in einen Topf mit schwerem Boden geben und auf kleiner Flamme bis zum Aufkochen erhitzen. Dabei immer rühren!
	Vom Feuer nehmen und zugedeckt zwei Stunden in den Kühlschrank stellen.
500 ml Sahne 3 Schichten Biskuitboden (gekauft!)	Die Sahne schlagen und in die kalte Creme einrühren. Die unterste Biskuitschicht mit Cremefüllung bestreichen. Die zweite auflegen und vorsichtig andrücken. Die restliche Füllung auf die zweite Schicht streichen und den dritten Boden auflegen.
2 Päckchen große Baisers	Die Seitenränder der Torte mit Creme bestreichen und die Baisers auf die Seitenränder drücken.
	Am besten über Nacht in den Kühlschrank stellen, damit die Böden die Creme aufsaugen.
Puderzucker	Erst kurz vor dem Servieren die Torte dick mit Puderzucker besieben.

Die Schauspielerin und Filmproduzentin wurde 1941 als Tochter des »Wiener-Lieder«-Komponisten Josef Berger in Wien geboren. Als Sechsjährige nahm sie an der Wiener Akademie für Darstellende Kunst Unterricht in Ballett und Ausdruckstanz, mit 16 kam sie ins Max-Reinhardt-Seminar. 1958 erhielt sie in der Josephstadt ihr erstes Engagement. Der Durchbruch gelang Senta Berger 1961 in »Es muß nicht immer Kaviar sein« nach J. M. Simmel. Von den Columbia Studios wurde sie nach Hollywood geholt, spielte neben Charlton Heston, Kirk Douglas, Yul Brunner und Robert Wagner. Von 1969 bis 1979 arbeitete sie hauptsächlich mit Stars wie Alain Delon, Marcello Mastroianni, Vittorio Gassmann. Im Jungen Deutschen Film arbeitete sie mit Michael Verhoeven, Volker Schloendorff, Wim Wenders und Bernhard Wicki. Die mit vielen renommierten Preisen ausgezeichnete Schauspielerin hat auch immer wieder zur Bühne zurückgefunden. In Salzburg spielt sie acht Jahre lang die Starrolle der »Buhlschaft« in Hofmannsthals »Jedermann« mit Curd Jürgens und später mit Maximilian Schell. Zum Publikumsliebling wurde sie durch ihre Arbeit im deutschen Fernsehen mit Filmen wie »Kir Royal«, »Die schnelle Gerdi«, »Sie und Er«, »Dr. Schwarz und Dr. Martin«. Mit ihrer Filmfirma »Sentana« produzierte sie u.a. »Die weiße Rose« und »Das schreckliche Mädchen«.

Ich bin in Wien geboren. Im Krieg. Meine Kindheit habe ich in der sogenannten schlechten Zeit verbracht. Aber davon habe ich wenig bemerkt. Meine Mutter war eine Künstlerin in der Küche. Mein Opa ging für mich hamstern. Ich sollte ein Ei in der Woche haben. Dann kamen die 50er Jahre. Ich ging auf die Schauspielschule, saß viel im Caféhaus, begann zu rauchen und hörte auf zu essen, um wie Audrey Hepburn auszusehen. Dann kam meine erste Arbeit am Theater. In den Garderoben trank man Cinzano und Martini, man aß Teegebäck. Es war umwerfend schick. Herren führten mich zum Essen aus. Ich lernte »Krabben-Cocktail« und »Peach Melba« kennen. Auszusehen wie Audrey Hepburn – daran war gar nicht mehr zu denken! 1963 ging ich nach Hollywood. In der Second Avenue in Los Angeles kaufte ich bei einem tschechischen Bäcker Schwarzbrot, bei einem österreichischen Fleischer Wurst. Meine Mutter besuchte mich und bekochte mich. Meine Garderobiere seufzte, wenn sie das Kleid nicht mehr zubekam, immer: »Oh my god, her Mom must be here!«. Kochen lernte ich von meiner Mutter Resi und aus Liebe zu meinem Mann Michael. Am schönsten ist kochen zu zweit. Alleine in der Küche zu stehen macht mich traurig.

Senta Berger

Westfäler Kipferl

à la Resi

ZUTATEN

200 g Mehl, ⅛ Butter
2 El Milch
10 g Germ (Hefe)
2 Eier

- Aus Mehl, Butter, der in der Milch aufgelösten Hefe und den beiden Eidottern einen Teig kneten.
- Den Teig drei Zentimeter dick auswalken und in sechs Zentimeter große Quadrate schneiden.

100 g Puderzucker

- 100 g Puderzucker mit den beiden Eiklar gut verrühren. Dannauf die Teigstückchen streichen.
- Kipferl(Hörnchen) formen und bei mäßiger Hitze (circa 190 Grad) 15 bis 20 Minuten goldbraun backen und anschließend mit Puderzucker bestäuben.
- Dazu paßt am besten schwarzer, heißer, starker Kaffee.

Die beliebte Münchner Künstlerin Veronika von Quast (Hausfrau, Mutter, Großmutter, Sängerin, Wirtin, Lastwagenfahrerin, Deutschlands ältestes Go-Go-Girl, Kabarettistin, Köchin, Reinigungsfachkraft, Alleinunterhalterin und vieles mehr) ist seit über 30 Jahren

auf den Bühnen der ganzen Welt zu Hause. Sie ist eine hervorragende Köchin, und ihre vielgängigen Menüs sind in der ganzen Stadt beliebt und bekannt. Besonders ihre – na ja fast – kalorienarmen Nachspeisen.

Veronika von Quast

Sardischer Mandel-Schoko-Kuchen

ZUTATEN	
6 Eier Zucker	• Zucker und Eigelb schaumig rühren.
200 g Butter 200 g Bitterschokolade 200 g geschälte Mandeln	• Butter und Schokolade schmelzen. Mandeln im Mixer zerkleinern.
2 EL Mehl 1 TL Backpulver	• Das Eiweiß zu einem steifen Schnee schlagen. Zucker mit Eigelb in die abgekühlte Masse aus Schokolade und Butter rühren, das mit Mehl vermischte Backpulver dazurühren.
4 Stamperl Grappa oder Obstler	• Die Mandelmasse und den Grappa dazugeben. Zum Schluß vorsichtig den Eischnee unterheben.
	• Im vorgeheizten Backofen bei 180 Grad ca. 40 Minuten backen. Den fertigen Kuchen mit Puderzucker bestreuen.

Erleben einer etwas ungewöhnlichen Kindheit in München-Schwabing, die geprägt war durch die Geschwisterposition Nummer 5, dem Besuch von Töpfer-, Web-, Wollefärbe- und Fotokursen, einer antiautoritären Grundschule sowie dem Verteilen politischer Flugblätter. Im Gymnasium folgte die Teilnahme an diversen Schülerzeitungen, Theater-, Pantomime-, Dichtergruppen, an zahlreichen Demonstrationen und an der evangelischen Jugendarbeit. Nach dem Abitur Erfahren der »Realität« des Lebens im Rahmen eines Freiwilligen Sozialen Jahres auf einer neurochirurgischen Krankenstation und im anschließenden Medizinstudium (Homburg/Saar, Berlin, Istanbul und London), das Kennenlernen »konservativer Werte« sowie des zukünftigen Ehemannes in einer Berliner Bar. Im Anschluß an das Examen Rückkehr nach München und Ausbildung zur Internistin und Diabetologin. Seit dem Frühjahr 2001 niedergelassen in einer internistischen Praxis mit Schwerpunkt Diabetologie im Glockenbachviertel.

Diana von Welser-Schröder

Tarte au pommes

oder süße Operation mit dem Skalpell

ZUTATEN
(für vier Personen)

3- 4 saure Boskop-Äpfel (je nach Größe), ein scharfes Messer
etwas Zitronensaft

• Äpfel schälen, vierteln und entkernen. In hauchdünne Scheiben schneiden, (»Hast Du wieder das Skalpell benützt?« Zitat Mama Edith von Welser-Ude), mit Zitronensaft beträufeln.

1 runder fertiger Blätterteig
5 EL Apfelmus

• Teig in der Zwischenzeit entrollen, in einer Tarte-Form einen ca. zwei Zentimeter hohen Rand formen, mit der Gabel Löcher stechen, gesamten Teigboden mit Apfelmus bestreichen und mit den Apfelscheiben kreisförmig belegen.

1 Mehlsieb
4 EL Puderzucker

• Durch das Sieb gleichmäßig mit dem Puderzucker bestreuen. Im vorgewärmten Backofen auf der mittleren Schiene bei 180 Grad ca. 15 Minuten backen, bis sich der Zucker goldbraun verfärbt hat.

¼ l Sahne

• Mit nicht ganz fest geschlagener Sahne die warme, hauchdünne und saftige Tarte servieren.

• TIP: Bei Zeitmangel können die Äpfel bereits am Vortag geschnitten und mit Zitrone beträufelt in den Kühlschrank gestellt werden.

Seit 1951 lebe ich in München. Nach Ausbildung bei Margarethe Mhe, Kees Veening, Hertha Richter und Prof. Ilse Middendorf arbeite ich seit 1965 als Atemtherapeutin. 1947 heiratete ich Lutz Hengst, der 35 Jahre als Herstellungsleiter bei der Bavaria Film GmbH tätig war. Seit 1999 bin ich verwitwet. Ich habe zwei Töchter und einen Sohn, die in München und Berlin leben. Mein Hobby ist das Reisen, eines meiner liebsten Ziele der Nahe Osten. Ich habe ein uraltes Rezept von den nordfriesischen Inseln ausgewählt, weil ich im hohen Norden, genauer gesagt in Schleswig-Holstein, geboren wurde. Man braucht für den Teig ein wenig Geduld und viel Kraft in den Armen und Händen, weil er eine halbe Stunde geknetet werden muß. Aber die Mühe lohnt sich.

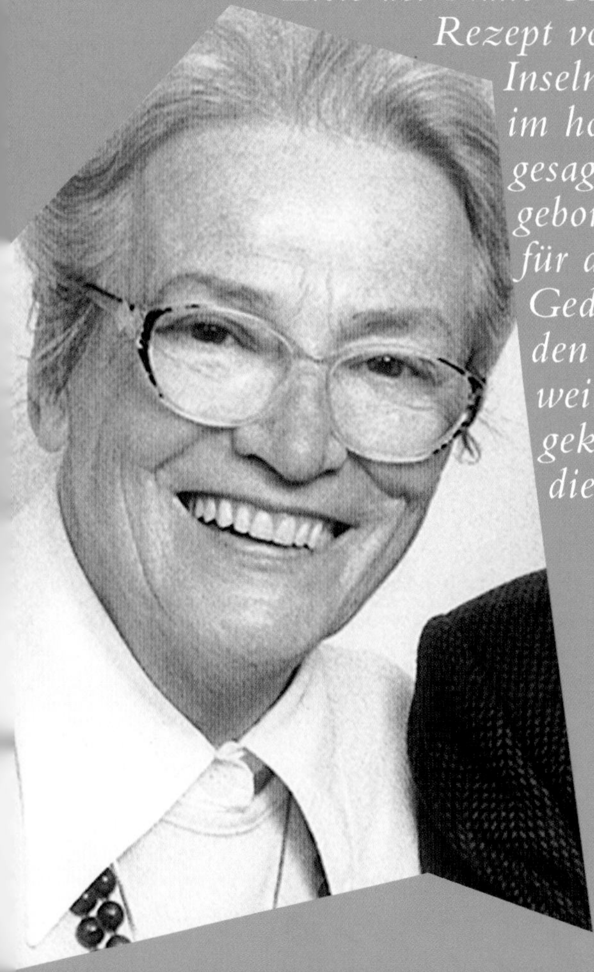

In seiner Phantasie setzt man sich in eine Pferdekutsche, fährt durch die Dünenlandschaft einer der nordfriesischen Inseln, kehrt in einem strohgedeckten Kaffee- oder Gasthaus ein, bestellt einen echten friesischen Tee (natürlich mit Rum) und genießt dazu das Gebäck.

Ida Hengst

Schmalzplätzchen

für Köchinnen, die hinlangen

ZUTATEN

380 g Schweineschmalz
380 g Zucker
380 g Butter
625 g Mehl
6 g Hirschhornsalz

Sollen die Schmalzplätzchen dunkel werden, fügt man dem Teig 75-100 g Kakao und 75 g Zucker zu.

- Die Zutaten, die alle kühl sein sollen, in eine Schüssel geben und tüchtig durchkneten, bis ein glänzender runder Teig entsteht.

- Der Teig soll vor der Verarbeitung mindestens zwei Stunden kühl lagern. Am besten über Nacht.

- Der Herd wird auf 175 Grad vorgeheizt.

- Aus dem Teig werden kleine Kügelchen mit einem Durchmesser von 1½ Zentimeter gerollt und flach gedrückt, anschließend auf ein Blech mit Backpapier gelegt und etwa 25 Minuten im Rohr gebacken.

- Die Plätzchen werden, nachdem sie ausgekühlt sind, in eine Blechdose gestapelt und müssen vier bis sechs Wochen lagern. Sie schmecken übrigens nicht nur an Weihnachten, sondern das ganze Jahr.

Geboren in La Chaux-de-Fonds (Schweiz). Sprachenstudium in Italien, England, Spanien und München. 1963 Heirat mit dem Regisseur und Produzenten Haro Senft. 1972 geschieden. Sekretariat Karl Richter und Münchener Bach-Chor. Orchestermanager des Münchener Bach-Chors. 1974 Gründung der DNS Film und Olga-Film-GmbH zusammen mit Denyse Noever und Molly von Fürstenberg. Seit 1998 Lektorate und Beratung.

Elvira Senft

Clafoutis – Kirschauflauf

ZUTATEN

500 g Schattenmorellen im Glas
- Kirschen abtropfen lassen.

3 Eier
2 ½ EL Puderzucker
- Die Eier mit zwei Eßlöffeln Puderzucker schlagen.

4 gestrichene EL Mehl
¼ l Sahne (oder Milch)
- Mehl und Sahne hinzufügen und gut vermengen.
- Die Kirschen in eine gebutterte, feuerfeste Form (ca. 28 x 20 Zentimeter groß) geben und den Teig darübergießen.
- Auf mittlerer Schiene im vorgeheizten Ofen bei 220 Grad 35 Minuten backen. Nach etwa 20 Minuten Backzeit mit dem restlichen Puderzucker bestreuen.
- Abkühlen lassen. Kalt servieren.

Als ich mich nach dem Abitur – dem bayrischen, in Icking – noch nicht so recht traute, mich an der Münchner Filmhochschule zu bewerben, landete ich als Hospitantin im Feuilleton der Münchner Abendzeitung. Das war 1976: Ich war 19, wußte alles besser und pendelte innerlich zwischen der Arroganz der Unerfahrenheit und dumpfer Unentschlossenheit. Im Schreibstüberl in der Sendlingerstraße traf ich »La Grande Dame der Filmkritik«, die allseits gefürchtete Ponkie (die sich als warmherzige Person, stets hinter einer Sonnenbrille versteckt, herausstellte) – und einen gutaussehenden und netten Herrn namens Helmut Fischer, der mir erzählte, daß alles nicht so einfach sei, und mich seiner Frau Utta und einem bärtigen Regisseur namens Dietl vorstellte. Mit Utta, einer frechen und witzigen Person, die wunderschöne Kurzgeschichten schrieb, freundete ich mich an, und nach vielen sonntäglichen Frühstücken mit den Fischers, Ponkie und ihren Kindern, später auch den Udes, fühlte ich mich gewappnet. 1978 wurde ich dann an der Filmhochschule aufgenommen – und seit 1983 mache ich Filme. Lieber Kino und gerne Fernsehen … Der Erfolg blieb nicht aus. Für den Film »Einer geht noch« erhielt ich unter anderen den Grimme Preis, für den Tatort mit dem Titel »Kleine Diebe« den Bayerischen Fernsehpreis. Mein Lieblingsfilm? »Zwei Frauen, zwei Männer«.

Meine Oma jammert noch heute, daß ihr verstorbener Mann – Konditor in Breslau – so oft meine Lieblingsspeise »Mohnklöße« machte, was ihrer Meinung zur Folge hatte, daß ihre Kleidergröße gleich zwei Nummern nach oben schoß. Trotzdem – ich liebe sie noch immer, die schlesischen Mohnklöße – man muß halt fünf Kilometer mehr joggen ... Mohnklöße sind gar keine Klöße (und auch keine Knödel!). Sie heißen nur so. Und früher hat man sie am Heiligen Abend serviert, wenn die Geschenke bereits verteilt waren, am späteren Abend.

Vivian Naefe

Mohnklöße

ZUTATEN

250 g feingemahlener Mohn
1 l gekochte Milch (ersatzweise Wasser, aber nur im Notfall)

- Den Mohn mit der Milch aufkochen.

6 EL Zucker
4 EL Sultaninen
2 EL geriebene Mandeln
Salz, 2-3 EL zerlassene Butter
1 Päckchen Vanillezucker

- Dann Zucker, Sultaninen, Mandeln, Salz, zerlassene Butter und Vanillezucker hinzufügen und 10 Minuten weiterkochen. Dann probieren – manche Mohnsorten sind dann noch nicht weich – und so lange weiter ziehen lassen, bis die Mohnmischung fast auf der Zunge zergeht.

Alte Semmeln (ersatzweise Zwieback)

- In eine Schüssel abwechselnd die in Scheiben geschnittenen Semmeln und die Mohnmischung hineinschichten. Oben als Abschluß eine Lage Mohn.

- Das Ganze erkalten lassen.

Meine Mutter war sicher, daß ich der millionste Bürger Münchens werde. Die Zeit war reif für die siebenstellige Einwohnerzahl, durch den Familiennamen wäre ich für diese Ehre geradezu prädestiniert gewesen, und der Wimmer Damerl im Rathaus hätte sich bestimmt gefreut, wenn dieses besondere Münchner Kindl seinen Nachnamen getragen hätte. Leider war ich zu spät dran. So begab es sich, daß ich erst 40 Jahre später Kontakt zu einem Münchner OB bekam. Nach 17 Jahren im Exil in Lindau am Bodensee kam ich erst wieder zum Studium in meine Geburtsstadt. Es hat mich auch nie wieder fortgezogen. Mit einer Ausnahme: Ende der Siebziger durfte ich in Amerika studieren, und diesmal klappte die Sache mit dem Namensomen – ich wurde nach Santa Barbara in Kalifornien geschickt. Man lernt ja immer fürs Leben im Ausland. In die Gegenwart hinübergerettet habe ich gute Freunde, die Verbundenheit zum Land, die Liebe zum mexikanischen Essen und zu den selbst hergestellten Long Drinks sowie ein paar idiotensichere Rezepte für beides. Der Kaffeelikör ist so ein einfaches Rezept, das trotzdem super wirkt. Als Lokalredakteurin der tz in München habe ich beruflich zwar mehr mit dem landestypischen Getränk aus Hopfen und Malz zu tun – aber bis heute ist mir Kahlua lieber.

Barbara Wimmer

Kahlua
– *mexikanischer Kaffeelikör*

ZUTATEN

½ l Wasser
250 g Zucker

- Das Wasser zum Kochen bringen, den Zucker zugeben und 15 Minuten weiterköcheln lassen.

125 g Instant-Kaffee
1 Beutel Vanillezucker

- Dann Instant-Kaffee und Vanillezucker in der Flüssigkeit auflösen.

1 Flasche Wodka

- Abkühlen lassen und den Wodka hineinschütten.

- Im Kühlschrank mindestens einige Stunden, besser einige Tage stehenlassen. Schmeckt sowohl pur als auch mit Sahne oder Milch.

GENUSS VOM ERSTEN BIS ZUM LETZTEN BISSEN:

Menüs für Lebenskünstlerinnen

Sie ist ein echtes Münchner Kindl, das übers Ballett zum Film kam. Mit elf Jahren war sie 1963 in »Onkel Toms Hütte« zu sehen, danach als Klara in »Heidi«. Großer Durchbruch mit den legendären »Münchner Gschichten« von Helmut Dietl. Zusätzlich 1972 Examen als Erzieherin. Rund 350 Fernsehspiele und Kinofilme, 15 Theaterstücke in München, Hamburg, Berlin sowie zahlreiche Lesungen. Seit 1980 verheiratet mit dem Rechtsanwalt Dr. Jack Schiffer, zwei Töchter, Alexandra und Lilian. Eine Katze namens Mini, zwei Hasen und zwei Pflegepferde machen die Familie komplett. Sie engagiert sich in der Mukoviszidose-Forschung und in einem sozialen Schulprojekt. Die wichtigsten Filme in den letzten Jahren waren Xaver Schwarzenbergers »Lovers«, Marc Rothemunds Kinofilm »Das merkwürdige Verhalten geschlechtsreifer Großstädter zur Paarungszeit« und der Münchner »Polizeiruf 110« in der Rolle der Kriminalhauptkommissarin Jo Obermeier. Wenn dann noch Zeit bleibt, spielt sie gerne Saxophon, Tennis, reist gerne nach Italien und kocht. Hasenfilet zum Beispiel.

Michaela May

Hase im Speckmantel

ZUTATEN

AVOCADOSUPPE

1-2 l Gemüsebrühe 2-3 kleingeschnittene Kartoffeln	• In der Gemüsebrühe die klein geschnittenen Kartoffeln und Karotten weich kochen.
3 kleingeschnittene Karotten 2-3 reife Avocados Petersilie	• Mit den reifen Avocados und Petersilie pürieren. Mit Salz und Pfeffer würzen und mit Crème fraîche verfeinern. Mit Zitronensaft und Zitronenschale abschmecken.
1 Becher Crème fraîche Salz, Pfeffer, Zitrone	• Wichtig: Suppe nur warm halten und nicht mehr kochen lassen sobald die Avocados drin sind, sonst wird die Suppe bitter!

HASENFILET MIT MORCHELSAUCE

Ausgelöstes Hasenfilets Speckscheiben, Salz und Pfeffer	• Die Filets würzen, mit Speckscheiben umwickeln und im Rohr bei großer Hitze (ca. 250 Grad) 15 Minuten braten. Dann bei offenem Rohr 10 Minuten auskühlen lassen.
FÜR DIE SAUCE	
Parüren, Hasenknochen Wurzelwerk Zwiebeln, Lorbeer, Nelken Estragon, Thymian	• Brühe aus Parüren und Hasenknochen mit Wurzelwerk und den Gewürzen kochen. Dauert circa drei Stunden.
Spitzmorcheln	• Spitzmorcheln in lauwarmen Wasser einweichen und säubern
	• Fond mit Sahne, eventuell mit Hagebutten- oder Johannisbeermarmelade verfeinern und zehn Minuten die Morcheln darin köcheln.

SERVIETTENKNÖDEL

10 geschnittene Semmeln
80 g heiße Butter
3 Eier, Milch
geschnittene Petersilie
Salz, Pfeffer
etwas geriebene Zitronenschale

- Aus den Zutaten einen Knetteig herstellen. Die Masse auf ein Handtuch geben, oben zubinden und im Salzwasser 45 Minuten bis 1 Stunde ziehen lassen.
- Danach das Tuch entfernen und den Kloß in Scheiben schneiden.

SCHOKOKUCHEN OHNE BODEN

1 Becher Sauerrahm (250 g)
1 Becher Öl
1 Becher Zucker
1 Becher Nesquick
3 Eigelb, 3 Eiweiß

- Die Zutaten der Reihe nach verrühren.
- Zum Schluß vorsichtig den geschlagenen Eischnee unterziehen.
- In einer Quicheform 50 Minuten backen.
- Dazu passen als Dessert Früchte und Fruchtsaucen aller Art.

Für Barbara Bronnen ist eine deutsche Mahlzeit, wo man ißt, um sich zu ernähren, eine Schmach und ein italienisches Mahl eine einzige Seligkeit. Es ist ein richtiges Fest mit Auftakt, Höhepunkt und Schlußakkord, es währt drei Stunden und geht aufs Ganze. Es würgt niemand schweigend und dumpf sein Essen in sich hinein, man kommuniziert mit vollem Mund, und am Ende weiß man mehr: von seinen Tischnachbarn und Freunden, von Kochkunst und Gastlichkeit, von gutem Wein und schönen Frauen, von Liebe, Tod und Teufel – vom Leben halt. Trotzdem hat Barbara Bronnen nicht nur gegessen, sondern auch geschrieben: Die Romane »Die Tochter«, »Die Überzählige«, »Liebe um Liebe«, »Donna Giovanna«, »Leas siebter Brief« und zuletzt »Das Monokel«. Aber auch ein Buch über Italien: »Meine Toskana«.

Barbara Bronnen

Italienisches Menü

Festessen für acht Personen – mühelos!

ZUTATEN	
Steinpilze (500 g oder getrocknete, eingeweichte)	• Frische wie eingeweichte Pilze grob hacken.
Olivenöl, Butter Italienischer Reis, pro Person eine Tasse Fleischbrühe	• Olivenöl mit ein wenig Butter leicht erhitzen, Pilze andünsten. Reis einstreuen und glasig anschwitzen, mit der doppelten Menge von Pilzwasser und Fleischbrühe aufgießen, zum Kochen bringen und zwei Minuten köcheln lassen – eventuell noch eine Kelle Brühe hinzufügen.
Petersilie	• Auf kleiner Flamme zehn Minuten ziehen lassen, mit geschlossenem Deckel ohne Flamme kurz quellen lassen, eventuell Petersilie und Butter unterheben.
2 kg Putenbrust Sojasauce, 8 kleine Zwiebeln Getrocknete Pflaumen	• Putenbrust über Nacht in Sojasauce legen, mit den Zwiebeln anbraten, in den Ofen geben und mit Weißwein löschen. Gegen Schluß die Pflaumen mit ein wenig Fleischbrühe dazugeben.
Eine Dose Kokosmilch Feigen, süßsauer eingelegt Italienisches Weißbrot	• Nach rund einer Stunde aus dem Ofen nehmen, die Sauce mit Kokosmilch kurz aufkochen und abschmecken. Dazu die süßsauren Feigen und Weißbrot servieren.

FÜR DIE MUSTARDA	
In Quittengelee eingelegte kandierte Früchte	• Zum Nachtisch gibt es die Mustarda mit Mascarpone.
(leicht mit Senf abgeschmeckt) Geschlagener Mascarpone	• TIP: Eventuell einen Zwischengang mit grünem Salat, Radicchio und Rucola anbieten, am Schluß Espresso und Gebäck.

Bis 1986 war ich Journalistin, Zeitschriftenredakteurin, Schreiberin von Kurzgeschichten. Eine davon, »Angst vor der Angst«, verfilmte Rainer Werner Fassbinder 1974 für den WDR. Fassbinder brachte mich dazu, die Geschichte einer jungen Frau, die ihre Depressionen nicht einordnen konnte, zum Roman auszuarbeiten. Daraus entstand mein erstes Buch mit dem Titel »Langsame Tage«. Inzwischen arbeite ich als freie Schriftstellerin, schreibe Romane, Kurzgeschichten, Lyrik und Drehbücher. Aus meiner ersten Ehe habe ich zwei Söhne, Mitte der 90er Jahre bin ich noch einmal mit einem Ehemann und zwei Kindern begnadet worden. Das hat sich auch auf meinen Speiseplan ausgewirkt. Morgens lassen sich meine zwei Jüngsten, oftmals komplettiert durch meine gleichaltrige Enkelin, nur zu einem Müsli überreden, das sie mit zum Himmel geklappten Augen und unter Seufzen in sich hineinstopfen. Mittags essen sie dann einen schnellen Salat, gerne mit frischer Melone. Am Abend und am Wochenende aber müssen Nudeln auf den Tisch, egal wie, am liebsten aber mit Tomaten und Käse.

Vorspeise zum Wein, ein Renner auch auf Kinderfesten – Datteln mit Speck. Schneller Melonensalat und Spaghettini mit Tomaten und Käse. Das einzig mühsame daran ist das Häuten der Tomaten, aber es lohnt sich!

Asta Scheib

Für die hungrige Familie

Aus Astas reichem Schatz an Rezepten

ZUTATEN

DATTELN MIT SPECK

200 g Datteln
300 g Frühstücksspeck
Zahnstocher

- Diese Leckerei stellen meine drei Kleinen schon selber her. Gertrud, Jelena und Konrad halbieren die Speckscheiben. Dann umwickeln sie eine Dattel mit dem Speck und stecken alles mit einem Zahnstocher fest.
- Ich habe den Backofen aufgeheizt, das Backblech mit Alufolie ausgelegt, und dann stellen wir die Speckdatteln für kurze Zeit in den Backofen, bis der Speck knusprig braun ist.

SCHNELLER MELONENSALAT

Ein Kopf Blattsalat nach Gusto
Essig (heller Balsamico), Olivenöl,
Etwas Senf, Zucker, Salz

- Blattsalat waschen und putzen. Während er abtropft, eine Honig- oder Netzmelone aus dem Kühlschrank in Würfel schneiden. In der Salatsauce mit den kleingezupften Salatblättern mischen.

SPAGHETTINI MIT TOMATEN UND KÄSE

1 kg Tomaten
4 Zwiebeln, 2 Knoblauchzehen
Etwas brauner Zucker, Olivenöl
600 g Spaghettini, Salz
1 Zitrone, Minzeblätter
300 g Camembert

- Die Tomaten mit kochendem Wasser überbrühen, häuten und vierteln.
- Zwiebeln würfeln, in heißem Öl dünsten und mit dem braunen Zucker bestreuen. Beiseite stellen.
- In einem großen Topf die Spaghettini in sprudelnd kochendem Salzwasser mit einem Teelöffel Öl al dente kochen.
- Jetzt die Tomatensauce noch einmal erhitzen, mit Zitronensaft, Salz und Pfeffer abschmecken, Minzeblätter unterrühren.
- Alles mit den abgetropften Nudeln und den in Würfeln geschnittenen Camembert vermischen.

Eine sogenannte Zugereiste. Seit 1978 mit Leib und Seele Schwabingerin, die nach ihrer Kindheit in Schleswig-Holstein in Hamburg gelebt, geliebt, studiert und gearbeitet hat. Studium der Pädagogik, Soziologie (Schwerpunkt Kommunikationswissenschaften), der französischen Sprache und Literatur an der Uni Hamburg. Nach dem Staatsexamen und Referendariat Arbeit im audiovisuellen Zentrum der Universität Hamburg. Später Psychologie: Paar- und Familientherapie. Seit 1978 produzierende Redakteurin beim Bayerischen Fernsehen. Entwicklung und Produktion von Einzelsendungen und Filmreihen, unter anderen »Situation: Wir und die Kinder«, »Der Tanz – mein Leben«, »Lebenslinien«, »Mit den Augen der Frauen«. Seit 1993 Leiterin der Redaktion Dokumentarfilm.

Ratzfatz-Hühnerleber mit Vorspeise – lecker, preiswert und garantiert im Handumdrehen fertig. Vorneweg ein Salat mit Ziegenkäse, und danach ein Traum von Mango als Dessert.

Christel Hinrichsen

Hühnerleber ratzfatz

ZUTATEN
(für zwei Personen)

SALAT MIT ZIEGENKÄSE

Pro Person 1 kleiner Ziegenkäse (ca. 4 Zentimeter Durchmesser)
Rucola
Cocktailtomaten

- Den Ziegenkäse im Backofen erwärmen.
- Den gewaschenen Rucola in der Vinaigrette schwenken, auf einem großen Teller anrichten und garnieren mit den geviertelten Tomaten, die gepfeffert und gesalzen wurden.
- Zum Schluß den warmen Ziegenkäse in die Mitte setzen. Dazu gibt es Baguette mit Knoblauchbutter.

FÜR DIE VINAIGRETTE

Etwas Zitronensaft, Balsamico
Pfeffer aus der Mühle
Senf, Salz, viel Olivenöl

RATZFATZ-HÜHNERLEBER

Etwa 600 g Hühnerleber
Butter, Piment
Weißer Pfeffer und Kardamom
Portugiesischer Madeira
Salz, Sahne
Frische Salbeiblätter

- Die Hühnerleber in Butter scharf anbraten und mit der obengenannten Gewürzmischung aus Piment, weißem Pfeffer und Kardamom direkt aus der Mühle würzen.
- Danach mit reichlich Madeira ablöschen und das Fleisch darin einige Minuten köcheln lassen.
- Sahne und Salz hinzufügen und mit gehackten frischen Salbeiblättern würzen. Fertig!
- Dazu gibt es entweder Baguette, Reis oder Kartoffelpüree, das mit gebräunter Butter und Salbei verfeinert wurde.

EIN TRAUM VON MANGO

2 reife Mangos	• Die Mangos schälen, vom Kern lösen und in Stücke schneiden.
1 unbehandelte Zitrone	• Ein paar Stücke zurückbehalten, den Rest pürieren und mit geriebener Zitronenschale und Zitronensaft würzen.
Sahne Vanillezucker	• Sahne schlagen und mit Vanillezucker süßen. Die Mangomasse unter die Sahne heben und die Fruchtstücke dazugeben.
	• Das Ganze in Schälchen verteilen und in das Eisfach stellen, bis die Köstlichkeit leicht anfriert.
	• Je nach Jahreszeit kann man an Stelle von Mangos auch Erdbeeren verwenden. Das Ergebnis ist ebenfalls ein himmlischer Früchtetraum.

Lydia Andrea Hartl ist seit Juli 2001 Kulturreferentin in München. Promoviert in Medizin und Psychologie, widmete sie sich zunächst den Neurowissenschaften, der Gesundheitspsychologie und der Verhaltensmedizin. Neben ihren Professuren unter anderen an der Hochschule für Gestaltung in Karlsruhe und an der Université d'Orléans in Frankreich galt ihr Interesse immer auch der Kunst – und der Lebenskunst. Dazu gehören unverzichtbar Gespräche beim Essen, und das möglichst oft, oft auch spontan. Weitere kulturförderliche Qualifikationen: Besorgtheit um einen gutgefüllten Weinkeller, Fähigkeit zu raschen Entscheidungen auf Märkten, klagloses Tragen schwerer Lasten an Naturalien – eben: Fisch, und was sonst?

Amuse-Gueule: Dünne Scheiben Baguette, bestrichen mit schwarzer und grüner Olivenpaste, zu einem Glas Champagner.

Lydia Andrea Hartl

Die französische Variante

Fisch – und was sonst?

ZUTATEN

(für ca. vier Personen)

ENTRÉE

Frischer Thunfisch (pro Person rund 150 g)
2 Limonen, 1 Zitrone
2 EL japanische Sojasauce
2 Lauchzwiebeln
1 scharfe grüne Chilischote
Jeweils 2 EL Ingwerwurzel
Mango und Honigmelone
fein gewürfelt, Korianderblätter

- Den sehr frischen rohen Thunfisch würfeln und in eine Marinade aus den obengenannten Zutaten geben und mindestens eine halbe Stunde ziehen lassen.

HAUPTGANG

3 große Jakobsmuscheln
8 Kirschtomaten, Olivenöl
Weißwein, Safranfäden
Schwarzen Pfeffer
Sel de Guérande, Zitronensaft
2 EL Petersilie, Spaghettini

- In einer großen schweren Pfanne die Muscheln mit Corail und den Kirschtomaten (alle Mengen pro Person) in fruchtigem Olivenöl pro Seite eine Minute anbraten, mit 0,1 Liter Weißwein ablöschen und rasch darin einige Safranfäden auflösen.
- Frisch gemahlenen schwarzen Pfeffer, Sel de Guérande, Zitronensaft und Petersilie zugeben.
- Parallel dazu Spaghettini al dente kochen, abseihen und vor dem Servieren in der Pfanne kurz mit Muscheln und Sauce vermengen.
- TIP: Ein junger, frischer, fruchtiger Sancerre oder Menetou-Salon paßt zu beidem.

DESSERT

- Danach frischen oder jüngeren Ziegenkäse mit Walnüssen, Quittenkonfekt und Anjoubirnen servieren.
- Und zum türkischen Mocca ganz, ganz schwarze Schokolade.

In den letzten Kriegstagen in Darmstadt geboren, verdanke ich mein Überleben einer riesigen Basttasche. So verpackt konnte mich meine Mutter auf der Flucht in den Odenwald schnell in Deckung bringen und verhinderte damit, daß wir von den amerikanischen Tieffliegern als lebende Zielscheibe benutzt wurden, wie mein Vater zwei Monate zuvor. Bis meine Mutter wieder heiratete, wuchs ich mit ihr zusammen in Darmstadt bei den Großeltern auf. Der riesige Garten mit Wald und unzähligen Tieren bot den fünf Enkeln eine Wildnis mit scheinbar unbeschränkter Freiheit. Nach nächtlichen Ausflügen mit Großvater in sein Jagdrevier und einer Kindheit wie in einem Zoo war der Berufswunsch klar: Ich wollte Verhaltensbiologin werden. Die zweite Leidenschaft wurde im Alter von vier Jahren durch ein Streichquartett im Rundfunk ausgelöst. Ich ließ nicht locker, bis meine Mutter die kleinstmögliche Geige aus Mittenwald besorgte. Da der Geigenlehrer den Unterricht verschnarchte, wurde statt einer Teufelsgeigerin ein kleines struwwelpeteriges Geigenteufelchen aus mir. Als ich 17 Jahre alt war, erkrankte meine Mutter, und ich fühlte mich für meine beiden jüngeren Brüder verantwortlich. Ein Zahnarztstudium und eine Praxis kann man locker nebenher bewältigen, dachte ich damals. Und wenn damit die Familie

Gisela Schultz-Brauns

Entenbrust

auf sauren Äpfeln

ZUTATEN
(pro Person)

¼ Avocado
Eine kleine Menge Rucola
Eine Scheibe gebeizter Lachs

- Die geschälte Avocado dünn schneiden und fächerförmig auf den Rucolablättern anrichten. Mit einer kleinen Scheibe gravad Wildlachs garnieren und mit Balsamico, Olivenöl, Salz und Pfeffer würzen.
- TIP: Die Vorspeise läßt sich gut vorbereiten, weil der Rucolasalat nicht so schnell zusammenfällt. Sie kann deshalb bereits vor dem Eintreffen der Gäste auf einem Teller angerichtet und auf die Plätze verteilt werden.

(für vier Personen)
ENTENBRUST

1-1 ½ kg mehlig kochende Kartoffeln
Je nach Größe 2-4 Entenbrüste
Schwarzer Pfeffer, Salz

- Die Pellkartoffeln auf den Herd stellen.
- Den Backofen auf 80 Grad vorheizen.
- Die Entenbrüstchen von Fett und Sehnen befreien. Die Haut samt Fettschicht rautenförmig einschneiden und die Stücke von allen Seiten mit Salz und Pfeffer würzen.
- Eine beschichtete Pfanne erhitzen und die Entenbrust mit der Hautseite zuerst in die Pfanne legen, dann ist nämlich kein zusätzliches Fett erforderlich. Die Fleischstücke von allen Seiten scharf anbraten, je Seite zwei bis sechs Minuten, je nach Größe auch etwas länger. Innen sollten sie auf jeden Fall rosa bleiben.
- Im vorgeheizten Backofen auf der mittleren Schiene bei 75 bis 80 Grad (!) garen. Ab jetzt kann man das Fleisch vergessen und mit den Gästen einen Aperitif trinken.

50 g Butter, 40 g Zucker
3-4 saure Äpfel (am besten Boskop)
Etwas Zimt
500 ml Entenfond aus dem Glas

- In dem mit heißer Butter erhitzten Zucker die ungeschälten Apfelschnitze scharf anbraten, bis beide Seiten braun sind. Mit Pfeffer und wenig Zimt würzen und 50 bis 100 ml Entenfond zugeben.

1 Gläschen Calvados
100 g Butter

- Dann von der Kochstelle nehmen. Für die Sauce die Rückstände in der Pfanne und auf dem Blech ablöschen, falls sie nicht zu fett sind. Sonst im Topf nur den restlichen Entenfond mit einem Gläschen Calvados um ein Viertel reduzieren, mit Salz und Pfeffer würzen und in kleinen Portionen die schaumig gerührte Butter unterziehen.

Milch
100 g süße Sahne

- Die gekochten Kartoffeln schälen, mit dem Zauberstab fein pürieren. Die mit Salz und Muskat gewürzte Milch und die Sahne zugeben und zum Schluß langsam die Butter einrühren. Im Ofen zusammen mit der Ente warm halten.

700 g Apfelrotkraut aus dem Glas
Schalotten

- Für das Apfelrotkraut etwas Speck auslassen, darin die Schalotten glasig dünsten. Auch das bereits vorgekochte Kraut darf noch unbegrenzt garen. Am besten am Tag zuvor vorbereiten und aufwärmen.
- Die Entenbrust nach der Vorspeise schräg in Scheiben schneiden, mit den nochmals erwärmten Äpfeln umlegen und mit der Sauce servieren.

DESSERT

100 g Schwarze Johannisbeerkonfitüre extra (50 Prozent Fruchtgehalt), Cassisfruchtsirup
Cassislikör

- Sauce rühren aus ⅓ Johannisbeerkonfitüre, ⅓ Cassissirup und ⅓ Cassislikör. Auf vier große Teller verteilen.

Vanilleeis
Gebräunte Mandeln
4 kleine oder 2 sehr große Feigen

- In die Mitte das Vanilleeis geben und mit ein paar zerkleinerten Mandeln krönen. Darum herum die geschnittenen Feigen am Tellerrand aufstellen.
- TIP: Feigen, Mandeln und Sauce lassen sich gut vorbereiten. Wirklich ein Ratzfatz-Nachtisch! Die Zutaten halten sich im Kühlschrank und sind daher eine gute Investition für unverhoffte Gäste. Es eignen sich auch Brombeeren aus der Tiefkühltruhe anstatt der Feigen.

durchgebracht ist, dann kann ich noch etwas anderes studieren. Das Fach hat sich für mich jedoch unerwartet spannend entwickelt. Statt eines engbegrenzten Metiers fand ich ein weitverzweigtes Gebiet vor und habe heute eher Mühe, auf allen Gebieten auf dem neuesten Stand zu bleiben. So kam es, daß ich jetzt – statt im Regenwald zu sitzen und Affen zu beobachten – eine Praxis am Münchner Stachus habe und nicht unglücklich darüber bin. Denn im Urwald hätte ich nie meinen Mann kennengelernt, den Münchner Architekten Otto Schultz-Brauns.

Geboren nach dem Zweiten Weltkrieg im Pfaffenwinkel, jedoch evangelisch getauft. Und zwar im Zeichen des Löwen mit Aszendent Waage – einfach ideal. Totale Schulausbildung in Bayern, folglich extrem anspruchsvoll. Seit 1968 verheiratet mit Dr. mult. Werner Rieder – immerhin. Galeristin seit 20 Jahren in der Maximilianstraße 22. Für Interessierte gibt es weitere Daten – über die Galerie – unter www.galerierieder.de und www.artnet.com/rieder.html.

Edith Rieder

Wildes Reiterfleisch

für sanfte Naturen

ZUTATEN

ZITRONENGRASSUPPE

Zitronengras, Butter	• Zitronengras schlagen, in Stücke schneiden und in Butter andünsten.
Hühnerbrühe Weißwein, Sahne	• Mit Hühnerbrühe und Weißwein aufgießen, einen Schuß Sahne zugeben.

MILDE VORSPEISE ZUM EINSCHMEICHELN

Reife Aprikosen Ricotta oder Ziegenkäse Koriander, Zitrone Etwas Honig, Pfeffer	• Die Aprikosen halbieren und füllen mit Ricotta, angemacht mit ein wenig frischem Koriander, Zitrone, etwas Honig und Pfeffer.
Einige frische Minzeblätter	• Auf frischen Minzeblättern anrichten. Schmeckt grausam gut!

ARABISCHES REITERFLEISCH

Hackfleisch, kleine Essiggurken, Tomaten, Kapern Getrocknete Peperoncini bzw. Ingwerwurzel	• Hackfleisch anbraten, Essiggurken in Scheiben schneiden, Tomaten vierteln, Kapern, Peperoncini oder alternativ etwas Ingwer dazugeben. Gut links herum umrühren.
Crème fraîche	• Am Schluß Crème fraîche unterheben. Mit Duftreis, Röstkartoffeln, gekochten Kartoffeln oder einfach Brot servieren. Fertig!

Roswitha Heyne wurde als drittes von sechs Kindern in einer seit Generationen in München ansäßigen Familie geboren und an einer Schule in Nymphenburg von Englischen Fräulein erzogen. Erste Kontakte mit der Filmwelt hatte sie beim Verlag »Illustrierte Filmbühne« für Filmprogramme und Zeitschriften. Dann zog es sie nach Hollywood, wo der jungen Schönheit eine große Filmkarriere zu winken schien. Auf jeden Fall sind im Freundeskreis ihre

Roswitha Heyne

Ein herbstliches Eßvergnügen

ZUTATEN

(für zwei Personen)

WILDPASTETE MIT EICHBLATTSALAT

- Die Wildpastete wird fertig gekauft und auf Eichblattsalat mit Vinaigrette serviert. Nach Belieben etwas Sauce Cumberland dazu reichen.

STEINBUTT MIT STEINPILZEN

2 kleine Steinbutte à 300 g
Alufolie für das Backblech
Olivenöl, Salz, frisch gemahlener bunter Pfeffer

- Die Fische küchenfertig vorbereiten lassen.
- Backblech mit Alufolie auslegen, mit Öl bepinseln, die gesalzenen und gepfefferten Fische darauflegen, mit Olivenöl beträufeln und im vorgeheizten Ofen bei 220 Grad 15 bis 20 Minuten garen.

300-400 g Steinpilze
2-3 EL Olivenöl
Zitronensaft
Reichlich frische Petersilie

- Die Steinpilze säubern, in nicht zu dünne Scheiben schneiden.
- In heißem Olivenöl ganz kurz anbraten, salzen, pfeffern und mit etwas Zitronensaft würzen. Frisch gehackte Petersilie zugeben. Bei reduzierter Hitze etwa zehn Minuten dünsten.
- Die Fische aus dem Ofen nehmen, die Haut der Mittelgräte entlang mit einem scharfen Messer einritzen, nach links und rechts zur Seite klappen und die fertiggegarten Pilze auf den Steinbutt häufen.
- Auf einer vorgewärmten Platte servieren.

PFANNKUCHEN

Zutaten	Zubereitung
50 g Mehl, 100 ml Milch 2 Eier, 1 EL Zucker Salz	• Das Mehl mit Milch verrühren, die Eier und den Zucker zugeben. Zutaten zu einem glatten Teig verarbeiten, mit Salz abschmecken und 20 Minuten quellen lassen.
Etwa 8 reife Pflaumen 1 EL Butter	• Die gewaschenen, halbierten und entsteinten Pflaumen in einer Pfanne mit der Schnittfläche nach unten in 1 EL Butter anbräunen.
1 EL Zucker	• 1 EL Zucker darüberstreuen und leicht karamelisieren lassen.
	• Den Teig zugießen und unter Schwenken in der Pfanne verteilen. Bei mäßiger Hitze hellbraun backen. Mit Hilfe eines großen Tellers wenden und auf eine Platte gleiten lassen.

Schilderungen von etlichen »datings« mit Elvis Presley ein Quell der ständigen Freude. Von weiteren spektakulären events hielt sie dann ihr späterer Ehemann, der Verleger Rolf Heyne ab. Forthin galt sie als Deutschlands schönste Verlegerin und mit über 1000 Kochbuchtiteln, die in 40 Jahren im Wilhelm Heyne Verlag erschienen, als die »Queen of Cookbooks«. Nach dem Ende dieser fruchtbaren, ihre Talente aber eher einschränkenden Tätigkeit ist sie für uns im Club vor allem die »Queen«.

Brigitta Rambeck ist Münchnerin, genauer gesagt Schwabingerin. Ihre »engere Heimat« hat sie in vielen Bildern eingefangen, die 1980 als idyllisches Kontrastprogramm zu Kurt Seebergers Text über das klassisch–aufmüpfige Schwabing in dem Buch »Schwabing, ein abenteuerlicher Weltteil« veröffentlicht wurden. Über den Zaun der eigenen Stadt blickte sie während des Studiums (Romanistik, Altphilologie, Germanistik) und eines mehrjährigen Aufenthalts in Kalifornien, wo sie am Goethe-Institut von San Francisco unterrichtete. Frankreich und Amerika sind für sie bis heute »Wahlheimaten« geblieben. Ihre seit Kindheit deutliche Neigung zu Wort und Bild setzte sie

Brigitta Rambeck

Menü nach Art des Hauses

ZUTATEN
(für sechs Personen)

KÜRBISSUPPE

Etwa 2 kg Kürbis (orange)	• Etwa zwei Kilogramm Kürbisfruchtfleisch in Stücke schneiden und kurz in wenig Wasser kochen, bis es mit dem Zauberstab leicht zu Kürbismus verarbeitet werden kann. Je nach Wassergehalt der Kürbismasse noch Wasser zugeben.
Salz, Gemüsebrühe Saucenbinder bzw. Mondamin Crème fraîche oder Avocadocreme Etwa 200 g Sahne	• Mit Salz und, wenn erwünscht, 1-2 Teelöffel pulverisierter Gemüsebrühe abschmecken. Wenn nötig mit Saucenbinder oder Mondamin eindicken. Mit Sahne verfeinern.
Muskatnuß	• Wer diesen ganz speziellen Geschmack schätzt, sollte über die heiße Suppe einen Hauch Muskat geben – am besten frisch gerieben von der ganzen Nuß.
	• TIP: Das Kürbismus läßt sich wunderbar in großer Menge vorbereiten und einfrieren.

HÜHNERHAPPEN MIT NÜSSEN

2 Hühnerbrüste	• Das Hühnerfleisch in mundgerechte Stücke schneiden.
4 EL Mondamin Salz, 1 TL Zucker, 2 Eiweiß 2 EL Sherry oder Reiswein	• Auf einem Teller Mondamin, Salz, Zucker, zwei Eiweiß und Sherry mit einer Gabel vermischen (nicht verzagen, es entsteht eine klebrige Pampe)
125 g gehackte Walnüsse oder blättrig geschnittene Mandeln	• Das Hühnerfleisch erst in der Mixtur und dann in den Nüssen wenden.
Öl	• Die Fleischstücke in das sehr heiße Öl und bei gedrosselter Hitze auf beiden Seiten rösten, nach zwei bis drei Minuten herausnehmen und das Fett auf Küchenkrepp abtropfen lassen.
Petersilie	• Mit Petersilie bestreuen oder einen pikanten Saucendip dazu reichen.
	• TIP: Sollten Happen übrigbleiben, was selten der Fall ist, schmecken diese auch noch am nächsten Tag.

Ofenkartoffeln – das einfachste Gericht, für das aber angeblich schon manche Köchin geheiratet wurde.

OFENKARTOFFELN

- Möglichst schöne, am besten neue Kartoffeln • Die Kartoffeln waschen und halbieren. Auf das Backblech mit der Schnittseite nach oben legen und etwa 45 Minuten bei 180-200 Grad backen.
- Salz, Butter, Kümmel nach Belieben • Wer will, kann schon die rohen Kartoffeln mit einem Hauch Butter bestreichen und mit Kümmel würzen. Mit Salz und Butter reichen – sie schmecken beinahe so gut wie am Lagerfeuer.

BRASILIANISCHE AVOCADOCREME

- 3 weiche, reife Avocados • Die Avocados schälen, entkernen und pürieren.
- Saft von 2 Zitronen, Zucker nach Geschmack • Zitronensaft und Zucker nach Geschmack untermischen.
- ½ l Sahne • Die Sahne schlagen und vorsichtig unter die Avocadomasse heben, abdecken und kühl stellen. Statt Sahne kann auch Vanilleeis verwendet werden.

*später als Malerin,
Illustratorin,
Journalistin
und Buchautorin um.
Jüngste Werke sind
zwei Sammlungen mit
Weihnachtsgeschichten, die sie als
Herausgeberin betreute und mit eigenen Text- und Bild-
beiträgen bereicherte. Kochen ist für sie eine kreative, in einer
Familie mit vier Männern allerdings auch überlebens-
notwendige Fertigkeit: als Frau des Münchner Biochemikers
Walter Rambeck und Mutter von drei hungrigen Söhnen.*